창업의 처음과 끝을 지키는
변호사와 회계사의 법률 가이드

변호사의 스타트업 가이드

현영우 · 심한강 지음

하움

목차

책을 시작하며

창업을 준비하는 초보 사장님 또는 스타트업 폐업을 준비하는 경영자들에게 법률 자문을 하며 가장 많이 듣는 말이 있습니다.

"제가 법을 잘 몰라서요. 알아서 해 주시면 안 될까요?"

창업하고 싶지만, 법률 지식이 부족한 예비 창업자들이 가장 많이 저지르는 실수는 '알아서 해 달라'는 겁니다. 전문가들이 창업에 도움을 줄 수 있지만 궁극적으로 창업은 '본인'이 하는 겁니다. 결국 창업에서 믿어야 하는 건 자신과 함께하는 동료들뿐입니다.

혁신과 도전 정신으로 가득한 여러분이 가진 아이디어와 열정은 대한민국 스타트업 생태계에 변화를 일으킬 만하다고 생각합니다. 그러니 자신을 믿으십시오. 물론 누군가 알아서 해 줬으면 할 정도로 창업 과정은 복잡하고 어렵습니다. 또 따라잡기 힘들 정도로 시장 환경은 빠르게 변화하고 있지만 규제 완화는 더디기만 합니다. 이로 인한 법률적 리스크는 언제든 창업자의 발목을 잡을 수 있습니다. 이 때문에 성공적인 창업과 비즈니스의 지속을 도와줄 수 있는 조력자는 스디트업을 준비하는 이들에게 선택이 아닌 필수입니다.

수많은 예비 사장님이 겪는 법률적 회계적 문제를 상담하고 해결해 온 전문가들이 쓴 책, 『**변호사의 스타트업 가이드: 창업의 처음과 끝을 지키는 변호사와 회계사의 법률 가이드**』는 여러분의 창업 여정에 든든한 법률 나침반이 되리라 생각합니다.

이 책에서는 스타트업의 생애 주기를 아우르는 포괄적 법률 가이드를 제공하고자 합니다. 첫 번째, 개인사업자냐? 법인이냐? 창업의 첫걸음인 사업 구조 선택부터. 두 번째, 스타트업 창업 이후에 맞닥뜨릴 법률 리스크와 그 관리 방법 그리고 기업의 핵심 가치를 지키는 방법. 세 번째, 스타트업 창업자들의 최대 고민인 현명한 투자 유치 전략. 마지막으로 성공적인 엑시트(Exit) 전략까지 살펴보겠습니다. 모든 내용은 단순한 법률 지식의 나열로 그치지 않고, 실제 스타트업 현장에서 발생했거나 발생할 수 있는 다양한 상황을 가상의 사례에 접목해 구성했습니다.

책의 구성 핵심 요약

❶ 복잡한 법률 용어와 개념을 최대한 쉽게 풀어서 설명
❷ 창업 시 알아야 할 법률 지식과 더불어 회계 지식까지 설명
❸ 실제 창업자들이 활용할 수 있는 핵심 요약 페이지와 체크리스트 각 장의 끝에 배치

우리는 여러분이 갖고 있는 잠재력과 아이디어가 관련 산업에 큰 변화를 불러올 것이라 믿습니다. 하지만 성공적으로 창업을 했더라도 법률 리스크에 제대로 대응하지 못한다면 사업은 한순간에 무너질 수 있습니다. 이 책은 여러분에게 최소한의 법률 안전망이 되어드릴 것입니다. 또 성공적인 창업과 성장에 도움이 되길 바랍니다. 대한민국 스타트업 창업자들의 멋진 도전과 성공을 기원하며 본격적인 이야기를 시작해 보겠습니다.

01

스타트업 설립과
법적 기초

1.1. 사업 구조 선택

창업을 위한 첫 번째 선택

스타트업에 도전할 때 가장 먼저 고민할 것은 사업 구조입니다.

어떤 형태로 사업을 시작하느냐에 따라 향후 사업의 성장과 운영, 세금의 부담, 법적 책임 등이 달라집니다. 대부분은 개인사업자와 법인사업자 중 하나의 사업 구조를 선택하게 되는데요. 각기 다른 장단점과 특성이 있으며 세금의 구조와 세율도 다르므로 어느 쪽이 내 사업과 맞을지 신중하게 고려하고 결정해야 합니다.

1 개인사업자와 법인사업자의 정의와 차이점

개인사업자란?

개인사업자는 등록된 대표자가 경영에 관한 모든 책임을 지는 사업자를 말합니다. 즉, 개인이 사업의 주체가 되고 모든 소득과 부채가 개인에게 귀속되는 형태입니다. 개인사업자는 세무서에 사업자 등록을 하면 바로 사업을 시작할 수 있어서 절차가 간단합니다. 다만, 교육업(학원 설립)과 같이 특정 업종의 경우에는 관할 교육지원청에 「식품위생법」 관련 업종(일반 음식점) 등은 관련 기관에 자격 요건을 갖춘 서류 등을 제출하는 등의 승인 절차나 신고가 우선되어야 하는 경우가 있으니 반드시 확인이 필요합니다.

법인사업자란?

　법인사업자는 주주들의 자본을 통해 설립한 사업자를 의미합니다. 자연인과 구분되는 별개의 **법인격을 가진 회사인 '법인'**을 만들어서 사업자 등록을 하기에 법인사업자라고 말합니다. 여기서 '법인'은 자연인은 아니지만 법률에 따라 권리 능력이 인정된 단체 또는 재산, 법적인 독립체를 말합니다. 경영상 발생하는 책임은 법인의 재산이 지게 됩니다. 법인은 영리를 위한 영업을 수행하기 때문에 회사라고 할 수 있으며, 합명회사, 합자회사, 유한책임회사, 주식회사, 유한회사 5가지로 분류됩니다. 법인은 관할 등기소에 설립등기를 해야 법인격을 갖추며, 이후 세무서에 사업자 등록신청을 하면 법인사업자 등록이 완료됩니다.

Q 무엇이 다를까?

사업 주체의 차이

- 개인사업자: 개인이 사업 주체로, 그 소득과 부채는 개인의 것
- 법인사업자: 법인이 사업 주체로, 법인의 소득은 대표이사의 것이 아닌 기업 자체의 소득

책임 범위의 차이

- 개인사업자: 대표 개인의 재산으로 모든 책임을 끝까지 짐(무한책임)
- 법인사업자: 각종 위험 부담을 줄일 수 있으며, 원칙적으로 법인 재산으로만 책임을 짐(유한책임)

등기 여부

- 개인사업자: 등기 절차가 없고, 세무서에 사업자 등록 신청만으로 사업 개시 가능
- 법인사업자: 관할 등기소에 설립등기를 한 후 세무서에 사업자 등록을 해야 함

- 개인사업자: 자유롭게 의사 결정을 할 수 있습니다.
- 법인사업자: 이사회 협의를 거쳐 진행됩니다.

🔍 각각의 장단점은?

개인사업자의 장점

- 간편한 준비: 사업자 등록만으로 간편하게 시작
- 낮은 준비 비용: 준비 절차가 간단하여 비용 부담이 적음
- 자유로운 운영: 회계 처리, 법규 준수 등에 대한 부담이 적음
- 빠른 의사 결정: 개인이 직접 경영 결정을 내릴 수 있어 의사결정이 빠름
- 자금 활용의 자유: 사업 자금을 개인 용도로 자유롭게 활용

개인사업자의 단점

- 무한책임으로 인한 부담: 사업 실패 시 사업의 채무를 개인 재산으로 책임
- 자금 조달의 어려움: 투자 유치나 대출이 상대적으로 불리함
- 낮은 신뢰도: 법인에 비해 대외적인 신뢰도를 형성하기 어려울 수 있음
- 세무 리스크: 매출이 증가하면 성실신고 확인 대상자가 되어 세무 관리가 까다로워질 수 있음
- 높은 세율: 소득이 증가할수록 최대 45%(지방세 제외)까지 높은 세율이 적용될 수 있음

법인사업자의 장점

- 무한책임으로 부담을 분산: 법인의 대표나 주주는 출자한 지분 한도 내에서만 책임을 짐

- 투자 유치 용이: 법인은 대외적인 신용도가 높아 투자 유치 및 자금 조달이 유리함
- 낮은 세율: 일정 규모 이상의 소득이 발생하면 종합소득세율(최대 45%)보다 낮은 법인세율(최대 24%)을 적용받음
- 급여 비용 인정: 대표이사 등 임원의 급여, 상여금, 퇴직금을 비용으로 처리할 수 있음
- 건강보험료 절감: 직장 가입자로서 건강보험료와 국민연금을 납부하기 때문에 상대적으로 더 적은 비용을 부담할 수 있음

법인사업자의 단점

- 복잡한 설립 절차: 법인 설립등기 후에 사업자 등록을 신청해야 하며, 준비 서류가 많고 공과금이 발생함
- 엄격한 회계 관리: 복식부기 작성이 의무이며, 회계 및 세무 관리가 더 복잡함
- 의사 결정 과정 복잡: 주요 결정 사항들에 대한 법적 절차와 규정이 필요
- 가지급금 제한: 법인의 자금을 업무와 무관한 사적 용도로 사용한 경우 이를 가지급금(법인으로부터 빌린 돈)으로 보기 때문에 회사에 인정이자를 납부해야 함
- 부가가치세 부담: 신용카드 매출에 대한 세액공제를 적용받지 못하여 부가가치세 부담이 더 커질 수 있음

2 개인사업자와 법인사업자의 세법상 차이점

개인사업자와 법인사업자는 적용받는 세법과 세율에서 큰 차이가 있습니다. 사업자 구분에 관한 법적 근거와 세율 적용에 관한 법적 근거를 살펴보면 다음과 같습니다.

- 「소득세법」 제1조의2: 개인사업자의 소득에 대한 과세 근거를 규정하고 있습니다.
- 「법인세법」 제1조: 법인의 소득에 대한 과세 근거를 규정하고 있습니다.
- 「소득세법」 제55조: 개인사업자에 적용되는 종합소득세율(6%~45%)을 규정하고 있습니다.
- 「법인세법」 제55조: 법인사업자에 적용되는 법인세율(9%~24%)을 규정하고 있습니다.

소득세와 법인세의 차이

적용 세법

- 개인사업자: 「소득세법」을 적용받으며 개인의 종합소득에 관한 법률로, 사업소득을 포함해 열거된 소득에 대해 종합소득세를 부과함
- 법인사업자: 「법인세법」을 적용받으며, '각 사업연도 소득'에 대한 법인세를 신고 납부해야 함

알아 두면 쓸모 있는 스타트업 용어

모든 개인 소득은 통칭 이배사근연기(이·배·사·근·연·기)라고 합니다. 대한민국 세법 중 종합소득세에서 자주 사용되는 용어인데요. 개인이 한 해 동안 벌어들인 다양한 소득의 종류를 대표하는 약어입니다. 풀어 보면 다음과 같은 소득 항목을 의미합니다:

이: 이자소득   **배**: 배당소득   **사**: 사업소득
근: 근로소득   **연**: 연금소득   **기**: 기타소득

이렇게 여섯 종류의 소득을 합산하여 종합소득세의 과세 대상이 되는 '종합소득'을 산정하게 됩니다.

세율 구조

- 개인사업자: 종합소득세율은 6%~45% 8단계 초과 누진세율 적용
- 법인사업자: 법인세율은 9%~24% 4단계 초과 누진세율 적용

과세표준 산정 방법

- 개인사업자: 총수입금액에서 필요경비를 차감하여 계산
- 법인사업자: 익금의 총액에서 손금의 총액을 차감하여 계산

성실신고 대상

- 개인사업자: 업종에 따라 기준수입금액 이상이면 성실신고 대상자가 됨
- 법인사업자: 부동산 임대업을 주된 사업으로 하는 소규모 법인 등 특정 조건에 해당하는 경우에만 성실신고 대상자가 됨

부가가치세 차이

신고 주기

- 개인사업자: 반기별로 부가가치세를 신고·납부하고, 예정 신고 기간에는 고지된 금액을 납부
- 법인사업자: 1기와 2기로 나누어 예정 신고와 확정 신고를 하고 이를 납부

간이과세 적용

- 개인사업자: 직전 연도 연 매출(공급대가)이 1억 4백만 원 미만의 개인사업자면 간이과세제도를 적용받을 수 있음
- 법인사업자: 간이과세제도를 적용받지 않음

3 가상 사례로 알아본 개인사업자와 법인사업자의 유불리

가상 사례 1: 소규모 카페 모닝브루
김창업 씨는 동네에 작은 카페 모닝브루를 오픈하려고 합니다. 초기 투자 비용은 5천만 원, 예상 연 매출은 약 1억 원입니다.

개인사업자로 선택한 경우:

설립 절차: 세무서에 사업자 등록만 하면 바로 사업 시작이 가능하기에 **2주 만**에 오픈했습니다.

세금 부담: 운영 첫해, 연간 순이익 3천만 원이었고 이에 대해 종합소득세 약 **2백9십만 원**(세율 약 9.7%)을 납부했습니다.

자금 운용: 카페 운영 자금과 개인 자금을 구분 없이 사용할 수 있어 편리했습니다.

위기 상황: 코로나19로 매출이 급감했을 때, **개인 신용으로 대출**을 받아 위기를 넘겼습니다.

〈정리〉2주 만에 사업 개시 / 순이익 3천만 원에 따른 종합소득세 2백9십만 원 / 개인 신용 대출 활용 가능

법인사업자로 선택했다면:

설립 비용과 절차가 복잡하여 사업 개시까지 약 1개월 이상이 소요됐습니다.

순이익 전부를 대표이사 급여로 책정하였다고 가정할 경우, 세금은 대표이사 급여에 대한 소득세를 납부해야 하고, 법인세는 별도로 발생하지 않습니다.

회계 관리가 복잡히여 많은 세무 대리 비용이 발생했습니다.

〈정리〉약 1개월 후 사업 개시 / 법인세는 따로 발생하지 않았지만, 대표이사의 소득세는 결과적으로 개인사업자와 유사한 결과 / 그러나 복잡한 회계처리 과정으로 인한 불필요한 세무대리 비용 발생

☑ **결론**: 소규모 카페와 같이 초기 투자 비용이 적고 예상 매출이 크지 않은 경우, 개인사업자 형태가 더 적합할 수 있습니다.

가상 사례 2: IT 스타트업 ㈜테크솔루션

박 씨는 AI 기반의 소프트웨어를 개발하는 ㈜테크솔루션을 창업하려고 합니다. 3명의 공동창업자가 함께하며, 앞으로 투자 유치와 글로벌 진출을 목표로 하고 있습니다. 연간 순수익은 약 2억 원으로 예상됩니다.

개인사업자로 선택했다면:

공동사업자 형태로 운영해야 했으며, 의사 결정 과정에서 갈등이 발생하거나 결정이 지연될 수 있습니다.

투자 유치가 쉽지 않기 때문에, 대출 등을 통한 자금 조달에 의존해야 했을 것입니다.

연간 순이익 2억 원에 대해 각각의 창업자는 자신의 지분 비율대로 약 9백4십만 원을 납부해야 했을 것입니다. 또 이 과정에서 각자 세무 대리인 보수를 별도로 지급했을 수 있죠.

소프트웨어 결함으로 인한 손해배상 책임이 대표 개인 재산까지 미쳤을 것입니다.

법인사업자로 선택한 경우:

설립 과정: 변호사 등을 통해 법인 설립등기를 진행하고, 주주 간 계약을 체결하여 각자의 역할과 책임을 명확히 했습니다.

투자 유치: 시리즈 A에서 10억 원의 투자를 유치했으며, 투자자는 법인에 대한 지분 투자 형태로 참여했습니다.

세금 구조: 당기 순이익 2억 원에 **법인세 약 2천만 원**(세율 9.9% 지방세 포함)을 납부하고, 각 창업자는 급여에 대한 소득세를 별도로 납부했습니다.

책임 제한: 개발한 소프트웨어에 결함이 발견되어 고객이 손해배상을 청구했지만, 법인을 상대로 한 소송 과정에서 **창업자 개인의 재산은 보호**받을 수 있었습니다.

☑ **결론**: 공동창업자가 있고, 투자 유치를 계획하며, 사업 리스크가 큰 IT 스타트업의 경우 법인사업자 형태가 더 적합하다고 볼 수 있습니다.

> **가상 사례 3: 빠르게 성장한 온라인 쇼핑몰 ㈜패션플러스**
> 이 씨는 5년 전 개인사업자로 온라인 패션 쇼핑몰 ㈜패션플러스를 창업해 경영하고 있습니다. 초기에는 연 매출 5천만 원이었지만, 현재는 연 매출 10억 원, 순이익 2억 원으로 성장했습니다. 현재, 늘어나는 세금 부담을 고려해 법인사업자로의 전환을 고민하고 있습니다.

개인사업자에서 법인사업자로 전환한 경우:

전환 이유: 종합소득세 부담이 커지고, 사업 규모 확대에 따른 리스크 관리가 필요하다고 판단했습니다.

전환 과정: 법인 설립 후 개인사업자의 자산과 부채를 법인에 양도하는 방식으

로 진행했습니다(포괄양수도 계약).

세금 절감: 법인 전환 후 연간 약 3천만 원의 세금을 절감할 수 있었습니다.

투자 유치: 법인 전환 후 외부 투자자로부터 5억 원의 투자를 유치하여 물류 시스템을 개선했습니다.

개인사업자로 계속 운영한다면:

연간 순이익 2억 원에 대해 종합소득세 약 5천만 원(세율 약 25%)을 계속 납부해 야 합니다. 이는 사업 확장을 위한 자금 조달에 어려움을 초래할 수 있고, 사업 리스크가 커짐에 따라 개인 재산에 대한 위험도 증가할 수 있습니다.

☑ **결론**: 사업이 성장하여 매출과 순이익이 증가하는 경우, 개인사업자에서 법인사업자로 전환하는 것이 절세와 리스크 관리 측면에서 유리할 수 있습니다.

4 사업 구조를 선택의 기준

사업 구조 선택은 창업자의 상황과 사업 계획에 따라 달라질 수 있습니다. 일 반적으로 다음과 같은 기준으로 고려해 결정하면 도움이 됩니다.

개인사업자가 유리한 경우:

- 소규모 사업을 시작하는 경우
- 초기 투자 비용이 적고 간단한 설립 절차를 원하는 경우
- 연간 순이익이 낮은 수준(약 1,800만 원 이하)인 경우
- 단독 창업으로 의사 결정의 자율성을 중시하는 경우

법인사업자가 유리한 경우:

- 공동창업자가 있는 경우
- 투자 유치를 계획하는 경우
- 사업 리스크가 큰 경우
- 연간 순이익이 높은 수준(약 1,800만 원 초과)인 경우
- 향후 사업 확장 및 글로벌 진출을 계획하는 경우

스타트업의 성공적인 출발을 위해서 사업 구조의 선택은 신중해야 합니다. 필요한 경우에는 회계사, 변호사 등 전문가의 조언을 구하는 것도 좋습니다. 더불어 한번 선택한 사업 구조를 꼭 지속해야 하는 것은 아닙니다. 사업이 성장함에 따라 개인사업자에서 법인사업자로 전환하는 것도 가능하므로, 현재 상황에 가장 적합한 구조를 선택하고 필요시엔 유불리를 따져 변경을 고려하는 유연성이 필요합니다.

1.2. 법인 설립 절차

성공적인 스타트업을 위한 첫걸음

스타트업을 개인사업자가 아닌 '법인' 형태로 운영하기로 한 예비 사장님이라면 법인 설립 절차에 대한 전반적인 내용을 알고 진행하는 게 유리합니다. 개인사업자보다 법률적으로 고려할 점이 많기 때문인데요. 물론 법인 설립이 다소 복잡해 보일 수 있지만, 단계별로 차근차근 진행하면 누구나 할 수 있습니다. 이 장에서는 법인 설립의 전체 과정을 알아보고, 각 단계에서 주의해야 할 점은 무엇인지 짚어 보겠습니다.

1 　법인 설립 체크포인트

　법인 설립을 시작하기 전 필수적으로 확인해야 할 사항이 있습니다. 중요 체크포인트는 다음 여섯 가지로 나눕니다.

법인 형태 결정

　일반적으로, 주식회사로 설립하나 경영의 특성이나 자본 규모에 따라 유한회사 또는 합자회사 형태도 가능합니다. 주식회사란 여러 사람이 돈을 모아 회사를 만들고, 그 회사가 번 돈을 투자한 만큼 나눠 갖는 형태의 회사를 말합니다.

사업 목적 선정

사업 목적이란 회사의 존재 이유로 어떤 사업을 하려고 하는지를 의미합니다. 무엇을 주요 사업 내용으로 할 것인지를 먼저 결정하고, 이를 정관에 명시해야 합니다. 연관 사업도 무엇이 있을지 면밀히 검토한 다음 정관에 포함 여부를 결정하시는 편이 좋습니다.

자본금 규모

주식회사의 최저 자본금은 종전에는 5천만 원 이상이었으나, 「상법」 개정으로 최저 자본금 제도를 폐지하여 누구라도 손쉽게 저렴한 비용으로 회사를 설립할 수 있도록 하였습니다. 하지만, 업종별로 최소 자본금이 일정 규모 이상으로 정해져 있을 수가 있으니, 이러한 상황에 해당하는지 반드시 확인하셔야 합니다.

발기인 및 임원 구성

발기인은 주식회사의 설립을 기획하고, 정관을 작성하며, 설립 절차 전반을 주도하는 사람을 의미합니다. 특별한 자격 제한이 없고, 1인만으로도 발기인이 될 수 있습니다. 법인, 미성년자(법정대리인 동의 필요)도 모두 가능하며, 국적에도 제한이 없습니다.

상호 결정

회사의 이름인 상호는 원칙적으로 자유롭게 정할 수 있으나 회사의 상호에는 그 종류에 따라 주식회사, 유한회사 등을 사용하여야 합니다. 관할 등기소 등기관에게 사용 가능 여부를 확인하거나 대법원 홈페이지 인터넷 등기소에서 상호를 검색할 수 있습니다.

본점 소재지

주식회사 법인의 본점 소재지는 법인등기부에 지번까지 기재해야 합니다. 이는 본점 주소를 정확하게 특정할 수 있도록 하기 위함입니다. 따라서 시군구, 번지(지번) 등 상세한 주소를 등기부에 기록해야 하며, 도로명 주소를 사용할 때도 반드시 건물번호 등까지 포함하여 기재해야 합니다.

법인 설립 시 중요한 여섯 가지를 알아봤습니다. 이제부터 각각의 체크포인트의 세부 사항을 확인하며 본격적으로 법인을 설립해 보겠습니다.

2 법인의 설립 단계

1단계: 상호 결정 및 상호 검색

주식회사 법인의 설립을 위해 가장 먼저 해야 할 일은 회사 이름인 '상호'를 정하는 것입니다. 상호는 회사의 첫인상이며 법적으로도 중요한 의미를 가지기 때문에 몇 가지 주의 사항을 고려해 정합니다.

- 한글 표기 원칙: 상호는 반드시 '한글 표기'를 원칙으로 합니다. 예를 들어 'J-Beauty'를 상호로 정했다면, '제이뷰티'라고 표기해야 합니다.
- 독창성: 상호 등기 시 꼭 확인할 점은 독창성입니다. 특히 같은 지역(관할 지역) 내 동종의 영업을 하는 회사와 동일한 상호는 등기할 수 없다는 걸 염두에 둬야 합니다.
- 발음 및 기억의 용이성: 누구나 쉽게 발음하고 기억할 수 있는 이름으로 선택하는 것이 사업에 유리합니다.

상호 중복 여부는 인터넷 등기소나 유사 상호 검색을 통해서 확인할 수 있으니 설립등기 신청 전 반드시 확인하시길 바랍니다.

상호 검색 방법

대법원 인터넷 등기소(www.iros.go.kr)에서 '상호 찾기' 메뉴

본점 소재지 관할 등기소에서 유사 상호 검색으로 확인

가상 사례: ㈜AI솔루션즈의 상호 검색 실패

인공지능 솔루션을 개발하는 스타트업을 창업하려는 김○○ 대표는 '에이아이솔루션즈'라는 상호를 생각했습니다. 하지만 상호를 검색하지 않고 법인 설립 절차를 진행했다가, 등기 신청 단계에서 이미 동종 영업을 꾸려 나가는 회사가 같은 지역에 유사한 상호('AI솔루션')로 설립되어 있어 반려되었습니다. 결국 김 대표는 '테크AI솔루션즈'로 상호를 변경하고 모든 서류를 다시 작성해야 했으며, 법인 설립이 한 달 이상 지연되었습니다.

2단계: 정관 작성

상호를 결정했다면 회사의 기본 규칙에 해당하는 '정관'을 작성해야 합니다. 정관은 회사 설립의 목적, 조직, 운영 방식 등을 규정하는 중요 문서로 회사의 뼈대와 같다고 보면 됩니다. 정관에는 꼭 포함되어야 하는 사항이 있습니다.(「상법」 제289조 제1항 참고)

정관 필수 기재 사항

❶ 목적: 회사가 어떤 사업을 할 것인지

❷ 상호: 회사의 이름

❸ 발행할 주식의 총수: 회사가 발행할 수 있는 주식의 총수량

❹ 1주의 금액: 주식 1주의 가격

❺ 설립 시 발행하는 주식의 총수: 실제로 회사 설립 시 발행하는 주식의 수량

❻ 본점의 소재지: 회사의 주소

❼ 공고하는 방법: 관보, 전자 공고 등

❽ 발기인의 성명, 주민등록번호 및 주소

필수 기재 사항이 확보됐다면 정관을 작성합니다. 그런데 이때도 주의할 점이 있습니다. 정관은 변경하는 절차가 복잡합니다. 정관 변경은 주주 총회의 주요 특별결의 사항 중 하나이기 때문이죠. 특별결의 사항은 회사의 중대한 경영 결정에 적용되는 절차로, 출석 주주 2/3 이상과 발행주식 1/3 이상의 찬성이 필요합니다. 정관을 변경할 때 시간과 비용이 추가로 소요됩니다. 그러므로 첫 정관 작성은 신중하고 꼼꼼하게 해야 합니다. 몇 가지 고려 사항을 검토하면 훨씬 정교한 정관을 작성할 수 있습니다.

정관 작성 시 고려 사항

- 사업 목적의 구체성: 회사의 사업 목적은 최대한 구체적으로 작성하는 것이 좋습니다. 향후 사업을 확장할 가능성을 고려하여, 관련 사업 목적을 미리 추가해 두는 것도 좋은 방법입니다.
- 자본금 규모: 주식회사의 최소 자본금이 얼마인지 문의를 하는 분들이 의외로 많습니다. 대한민국 「상법」에서는 주식회사 설립 시 자본금의 최소 금액을 명시하고 있지 않습니다. 1주의 금액은 100원 이상이면 되기 때문에 주식회사의 최소 자본금은 100원이라고 할 수 있습니다. 하지만 이후 신용 문제나 투자 유치 측면에서 보면 자본금을 일정액 이상으로 설정하는 게 유리합니다.
- 이사회 구성: 이사의 수, 이사회의 의결 방식 등 이사회 구성에 관한 사항도 정관에 포함될 수 있습니다. 「상법」상 원칙적으로 이사 3명 및 감사 1명이 필요하

나, 자본금이 10억 미만인 경우 감사를 선임하지 않을 수 있고, 이사도 1인 또는 2인으로 정해도 됩니다.

3단계: 발기인 구성 및 주식 인수

정관을 작성한 뒤 발기인을 구성하고 주식을 인수합니다.

발기인 구성

발기인이란 '**회사를 설립하려는 대표**'를 의미합니다. 발기인은 정관을 작성하고 기명날인 또는 서명한 자로 최소 1인 이상, 최소 1주 이상의 주식을 가지고 있어야 하며 내국인과 외국인 모두 가능합니다. 더불어 미성년자도 법정대리인 동의가 있으면 발기인 자격을 가질 수 있습니다.

주식 인수

회사가 발행할 주식 수와 액면가를 결정한 후 발기인은 1주 이상의 주식을 인수해야 합니다. 1주당 금액은 100원 이상이어야 하고, 발기 설립의 경우 발기인은 회사 설립 시 발행하는 주식 전부를 인수해야 합니다. 즉, 회사를 처음 만들기로 한 사람들인 발기인이 회사가 처음으로 발행하는 모든 주식을 책임지고 다 사야 한다는 뜻입니다.

주식을 인수하기 위해서는 서면에 몇 주의 주식을 인수한다는 내용을 기재하고 기명날인 또는 서명합니다.

주금 납입

주금 납입은 주식회사 설립 시 신주를 발행할 때 주식을 받기 위해 돈을 출자하는 것을 의미합니다. 즉, 주식 인수 대금을 내는 것이죠. 10억 미만인 경우 잔고증명서로 주금 납입을 증명할 수 있습니다. 다만, 잔고증명서의 금액은 자본금과 같거나 많아야 합니다. 여기서 조심할 점은 자본금이 부족하다는 이유로 가장납입(자본금을 실제로 납부한 것처럼 속이기 위해 형식적으로만 납부하고, 다시 돌려받는 행위) 등을 해서는 안 된다는 겁니다.

- 주의 사항: 발기인은 자신의 자본 내에서 법인 설립을 해야 합니다. 종종 자본금이 부족해 금융기관으로부터 대출을 받은 돈으로 잔액 증명을 한 후 법인계좌에 입금하지 않거나, 입금한 후 바로 출금한다면, '주금가공납입행위'라 하여 법적으로 처벌되니 주의가 필요합니다.(징역 5년 이하 또는 벌금 1,500만 원)

4단계: 임원 선임 및 조사보고서 작성

발기인이 주식의 인수, 주금의 납부를 마친 이후엔 본점의 위치를 확정하고 이사, 감사를 선출하는 임원 선임을 하게 됩니다. 그리고 이를 보고서로 작성하면 됩니다.

임원 선임

「상법」상 원칙적으로 이사 3명 및 감사 1명이 필요하지만, 자본금이 10억 미만이면 감사를 선임하지 않을 수 있고, 이사도 1인 또는 2인으로 해도 됩니다.

조사보고서 작성

선출된 이사·감사는 정관 및 주식 발행 사항 등 일련의 절차를 확인, 조사 후 발기인에게 보고해야 합니다. 조사 보고자는 주식 미보유 임원 또는 공증 변호사가 맡도록 합니다. 실무상 주식이 없는 감사나 이사가 그 역할을 하는 경우가 대부분입니다.

임원 선임 및 조사보고서 작성 단계에서 유의할 점은 임원 선임입니다. 앞서 언급했던 것처럼 자본금에 따라 선임해야 하는 적정 임원의 규모가 정해져 있기 때문이죠.

가상 사례: ㈜테크스타트의 임원 선임 문제

소프트웨어 개발 스타트업 ㈜테크스타트는 자본금 5억 원으로 법인을 설립하면 서, 창업자 혼자서 대표이사를 맡고 다른 임원을 선임하지 않았습니다. 그러나 등기 신청 과정에서 지분이 없는 임원이 1명 더 있어야 공증료 몇백만 원을 덜 낼 수 있다는 사실을 알게 되었습니다. 창업자는 지인을 설득하여 이사로 선임 하고 공증료를 많이 줄일 수 있었습니다. 다만, 관련 서류를 다시 작성하게 되어 법인 설립과 창업 일정을 미뤄야 했습니다.

5단계: 등록세 납부 및 설립등기 신청

사전 준비가 완료되었다면 본점 소재지 관할 시, 군, 구청 세무과와 등기소, 세무서를 찾아서 등기하고 사업자 등록 등의 일을 처리하면 됩니다. 먼저 등록세를 내고 설립등기를 신청해 볼 텐데요. 그에 앞서 법인 인감도장을 미리 제작해야 한다는 점 잊지 마세요.

등록세 납부

등록세의 납세의무자는 등기를 받는 자입니다. 법인회사가 납세의무자죠. 본점 소재지 관할 시, 군, 구청 세무과를 방문해서 등기 신청서 사본 1부 제출하고 등록면허세를 납부합니다. 여기서 알아 두면 좋은 팁이 있습니다. 자본금 규모에 따라 등록면허세율과 지방세율이 결정된다는 점입니다. 자본금이 2,800만 원 이하의 경우는 등록면허세 112,500원, 교육세 22,500원으로 동일합니다. 이때 대도시 내 신설법인 등에 대해서는 등록세가 중과세됩니다.

※ 서울 전역, 경기도 일부, 인천 일부 등 과밀억제권역은 3배 중과세

설립등기 신청

등기 신청서 1부와 첨부 서류를 갖추어 본점 소재지 관할 등기소 법인 등기 담당자에게 접수합니다.

설립등기 시 필요 서류	
❶ 법인설립등기신청서	❷ 등록면허세납부영수증
❸ 등기신청수수료영수필확인서	❹ 정관
❺ 주식발행사항동의서	❻ 주식인수증
❼ 잔고증명서	❽ 발기인총회의사록
❾ 조사보고서	❿ 취임승낙서
⓫ (개인)인감증명서	⓬ 주민등록(등)초본
⓭ (법인)인감신고서 및 인감대리	

※ 위 공통 서류는 자본금 10억 원 미만, 사내이사 1명이 지분 100% 소유,
그 외 감사 1명이 있는 경우임.

설립등기는 직접 방문해서 신청할 수 있고 온라인으로도 신청할 수 있습니다. 관할 법원 등기과를 확인하거나, 대법원 인터넷 등기소(www.iros.go.kr)에서 온라인으로 신청(전자 증명서 필요)하면 됩니다. 공통으로 준비해야 하는 서류는 위의 표와 같지만, 전자 등기냐 서류 등기냐에 따라 다음의 서류는 달리 준비해야 합니다.

전자 등기: 법인 설립에 참여 전 인원의 은행 공동인증서가 필요

서류 등기: 법인 설립에 참여 전 인원의 도장이 필요(특히 임원의 인감도장과 인감증명서가 필요)

법인 설립등기와 관련해 재미있는 판례가 있습니다. 범죄 이용 목적으로 회사를 설립한 때도 "「상법」은 회사의 설립에 관해 이른바 준칙주의를 택하고 있고 이에 따라 일정한 요건과 절차를 거쳐 회사 설립등기를 마친 경우, 발기인의 주관적 의도나 목적과는 무관하게 회사의 설립을 인정하고 있다."라고 대법원은 판시한 적이 있습니다. 이는 아마도 경제활동의 자유와 기업 활동을 촉진하기 위해서라고 볼 수 있겠죠?

6단계: 인감 카드 발급

등기 신청이 완료됐다면 가까운 등기소로 가서 인감 카드를 발급받습니다. 관할 등기소가 아니어도 무방합니다.

7단계: 사업자 등록 및 세무 신고

설립등기를 완료하고 인감 카드까지 받았다면 이젠 정말 다 왔습니다. 세무서에서 법인 설립신고 및 사업자등록 신청을 하면 됩니다. 만일 국가로부터 인허가를 받아야 하는 업종(식품위생, 의료업, 학원업 등)이라면 인허가를 받은 뒤에 사업자 등록과 영업을 할 수 있습니다.

8단계: 사업자 등록 신청

법인 설립등기를 완료한 후 국세청 홈택스 또는 세무서에서 법인사업자 등록을 신청할 수 있는데요. 사업자 등록은 사업 개시일부터 20일 이내에 신청하면 됩니다. 먼 길을 온 예비 창업자 여러분, 이제 정말 마지막 단계입니다. 다행히 설립등기 때보다 챙겨야 할 서류도 적습니다. 최후의 한 발을 내딛기 위해 세무서로 가 볼까요?

법인사업자 등록 신청 시 필요 서류	
❶ 사업자등록신청서	❷ 법인등기부등본
❸ 정관사본	❹ 주주명부
❺ 임대차계약서사본	❻ 인허가관련서류사본

다시 한번 말씀드리지만, 교육업이나 식품위생업 등의 특정 업종의 경우에는 사업자 등록 이전에 먼저 인허가, 등록, 신고가 필요합니다. 만일 이런 준비가 선행되지 않았다면 사업자 등록이 반려되기도 합니다. 더불어 법인은 법인세, 부가가치세 등 다양한 세금을 신고하고 납부해야 합니다. 세무 신고는 복잡할 수 있으므로, 세무 신고에 있어선 회계사나 세무사 등 세무 전문가의 도움을 받는 것이 좋습니다.

가상 사례: ㈜푸드테크 인허가 문제

식품 배달 플랫폼 ㈜푸드테크는 법인 설립 후 사업자 등록을 신청했으나, 식품 중개업에 필요한 인허가를 먼저 받지 않아 사업자 등록이 반려되었습니다. 결국 서비스 출시가 지연되었고, 초기 투자자들의 신뢰도 하락했습니다.

이후 필요한 인허가를 취득한 후에야 사업자 등록을 완료했지만, 일부 투자자가 투자를 철회하면서 창업 초기부터 자금 확보에 애를 먹게 됐습니다.

3　법인 설립 소요 시간 및 비용

총 8단계에 걸쳐 법인의 설립 절차를 확인해 봤습니다. 다소 복잡하다고 느낄 수 있지만 필요 요건을 갖추고 절차만 준수한다면 그리 어렵지 않습니다. 다만, 얼마간의 시간과 노력을 들여야 하겠죠.

통상적으로 법인 설립 절차는 준비 과정부터 사업자 등록까지는 일반적으로 2~4주 정도가 소요됩니다. 비용은 어떤 서류를 준비하느냐 직접 하느냐, 전문가에게 의뢰하느냐에 따라 달라집니다.

소요 시간

- 설립등기: 등기소 신청 후 3~5영업일 소요
- 사업자 등록: 신청일로부터 3일 이내(영업일 기준) 발급

비용

- 등록면허세 및 교육세: 자본금 규모에 따라 달라집니다.
- 자본금 2천8백만 원 이하: 등록면허세 11만 2천5백 원, 교육세 2만 2천5백 원
- 법무사 또는 변호사 수수료: 직접 진행하지 않고 전문가에 의뢰하면 비용이 발생합니다. 일반적으로 3십~5십만 원이지만, 법인의 규모와 복잡성에 따라 달라질 수 있습니다.
- 기타 비용: 인감 제작, 공증 비용(필요한 경우) 등의 비용 추가됨

법인 설립 체크리스트

법인 설립에 필요한 체크리스트를 만들어 봤습니다. 법인 설립을 준비하는 분들은 준비한 서류와 비교하고 확인해 보시길 바랍니다.

설립 전 체크리스트
☑ 법인 형태 결정(주식회사, 유한회사 등)
☐ 상호 결정 및 중복 여부 확인
☐ 사업 목적 구체화
☐ 자본금 규모 결정
☐ 발기인 및 임원 구성 계획

정관 작성 체크리스트
☑ 상호, 목적, 본점 소재지 명시
☐ 발행할 주식의 총수 및 1주의 금액 결정
☐ 설립 시 발행할 주식의 총수 명시
☐ 발기인의 성명, 주민등록번호 및 주소
☐ 공고 방법 명시

설립등기 체크리스트
☑ 발기인 구성 및 주식 인수
☐ 주금 납부 및 잔고증명서 발급
☐ 임원 선임 및 취임승낙서 작성
☐ 조사보고서 작성
☐ 등록면허세 및 교육세 납부
☐ 설립등기 신청서 및 첨부 서류 준비
☐ 인감 카드 발급
☐ 등기소에 설립등기 신청

사업자등록 체크리스트
☑ 법인등기부등본 발급
☐ 임대차계약서 준비
☐ 인허가 필요 업종인 경우 관련 서류 준비
☐ 사업자 등록 신청서 작성
☐ 세무서에 사업자 등록 신청

4 법인 설립 시 주의 사항

마지막으로 법인 설립 시 주의할 점을 정리해 보겠습니다. 앞서 각 단계에서 이야기했지만, 과정이 복잡하고 챙길 서류도 많기에 실수가 빈번하게 일어납니다. 그래서 핵심만 한 번 더 짚고 넘어가겠습니다.

(1) 상호 중복 확인은 필수

상호 중복으로 인한 등기 반려를 방지하기 위해 반드시 사전에 상호 검색해야 합니다.

(2) 정관 작성은 포괄적으로!

정관은 회사의 기본 규칙이므로 신중하게 작성해야 합니다. 특히 사업 목적은 향후 사업 확장 가능성을 고려하여 구체적이면서도 포괄적으로 작성하는 것이 좋습니다.

(3) 주금 납부는 실제 자본금으로

주금 가공 납부는 법적으로 처벌받을 수 있으므로, 실제로 자본금을 납부해야 합니다.

(4) 임원 구성은 자본금에 따라

임원 구성 요건은 자본금 규모에 따라 다릅니다. 필요한 이사 또는 감사의 수가 다르니 관련 규정을 확인하고 구성해야 합니다.

특정 업종의 경우 사업자 등록 전에 인허가가 필요할 수 있습니다. 사전에 확인하고 미리 인허가를 받아야 두 번 일하거나 인허가가 늦어지는 일이 없습니다.

법인사업자의 경우 설립 후에, 사업 운영도 주의해야 합니다.

「민법」 제38조에 따르면, "법인이 목적 이외의 사업을 하거나 설립 허가의 조건에 위반하거나 기타 공익을 해하는 행위를 한 때에는 주무관청은 그 허가를 취소할 수 있다."라고 규정하고 있습니다.

따라서 법인 설립 시 목적 사업을 명확히 하고, 설립 후에도 정관에 명시된 목적 범위 내에서 사업을 운영하는 것이 중요합니다.

지금까지 예비 창업자를 위한 법인 설립 과정과 각각의 단계에서 필요한 서류 등을 살펴보았습니다. 법인은 스타트업의 성공적인 출발을 위한 중요한 첫걸음입니다. 복잡해 보이는 절차도 단계별로 차근차근 진행하면 충분히 해낼 수 있습니다. 상호 결정부터 사업자 등록까지 각 단계에서 주의 사항을 잘 확인하고, 필요한 경우 전문가의 도움을 받으시길 바랍니다. 법인 설립을 완료하면 이제 본격적인 사업을 시작할 수 있습니다. 회사의 비전과 목표를 향해 힘차게 나아가시길 바랍니다.

1.3. 공동창업자 간 법적 관계 정리

함께하기 위한 필수 조항

스타트업을 혼자 창업할 수 있지만, 다양한 역량을 갖춘 공동창업자들과 함께 시작하는 경우가 많습니다. 함께 꿈을 이루어 나가는 과정은 설렘과 기대로 가득하지만, 공동창업자 간의 법적 관계를 명확히 정리하지 않으면 나중에 법적 분쟁으로 이어질 수 있습니다.

창업은 현실이고 투자비와 수익을 두고 갈등과 배반 행위가 심심치 않게 일어납니다. 갈등은 믿음과 신뢰로만 해결되지 않습니다. 법적 분쟁으로 이어지는 경우가 많은데, 실제로 창업 현장에서 자주 발생합니다. 이에 대비하기 위해 공동창업자 간의 법적 관계를 어떻게 정리해야 하는지, 그리고 반드시 포함해야 할 주요 조항들은 무엇인지 알아보겠습니다.

1 공동창업자 관계 정리의 중요성

공동창업자 간의 관계는 회사의 성공과 직결됩니다. 아무리 친한 친구나 동료라도 사업을 함께하면서 의견 충돌이나 갈등이 발생할 수 있습니다. 이러한 갈등을 미리 예방하고 해결할 수 있는 법적 장치를 마련하는 것이 중요합니다. 사례를 통해 어떤 갈등이 생길 수 있는지 먼저 확인해 봅시다.

가상 사례: ㈜테크솔루션의 공동창업자 갈등

AI를 기반의 소프트웨어 개발사 ㈜테크솔루션의 공동창업자 이 씨와 박 씨는 대학 동기로, 특별한 계약 없이 수익을 "50:50으로 하고 함께 창업하자."라는 구두 약속만으로 회사를 시작했습니다. 이 씨는 기술 개발을, 박 씨는 사업 운영을 담당했습니다. 1년 후 회사가 성장하면서 투자 유치 단계에 접어들었지만, 박 씨는 자신이 더 많은 시간을 투자했다며 지분 조정을 요구했고, 이 씨는 핵심 기술을 자신이 개발했으므로 더 많은 지분을 가져야 한다고 주장했습니다. 결국 두 사람의 갈등은 심화하였고, 유망했던 스타트업은 투자 유치에 실패하고 해체되었습니다.

이 사례에서 볼 수 있듯이, 공동창업자 간의 관계를 명확히 정리하는 것은 스타트업의 생존과 성장을 위해 필수적입니다.

2 주주 간 계약의 필요성과 주요 내용

공동창업자 간의 법적 관계를 정리하는 가장 효과적인 방법은 '주주 간 계약'을 체결하는 것입니다. 주주 간 계약은 주주들 사이의 권리와 의무를 명시하고, 회사 운영에 관한 중요한 사항들을 규정하는 계약입니다.

주주 간 계약에 필수적으로 들어가야 하는 조항은 크게 다섯 가지로 구분할 수 있습니다.

3 주주 간 계약에 반드시 포함해야 할 주요 조항

(1) 지분 구조 및 배분

- 각 공동창업자의 초기 지분율 명시
- 추가 출자 시 지분 변동 방식
- 향후 지분 희석에 대응 방안

(2) 업무 분담 및 역할

- 각 창업자의 직책과 담당 업무 영역
- 업무 수행 기준과 평가 방식
- 보수 및 복리후생에 관한 사항

(3) 의사 결정 구조

- 주요 의사 결정 사항의 범위
- 의사 결정 방식(만장일치, 과반수 등)
- 이사회 구성 및 운영 방식

(4) 지분 양도 제한

- 우선매수권(Right of First Refusal)
- 공동매도권(Tag-along Rights)
- 강제매도권(Drag-along Rights)

(5) 퇴사 및 지분 처리

- 퇴사 시 지분 처리 방식
- 가득 조건(Vesting Condition) 및 가득 일정(Vesting Schedule)
- 경업 금지 및 비밀 유지 의무

그럼, 주주 간 계약에 필수 요소가 잘 반영된 사례를 살펴보죠.

가상 사례: ㈜헬스테크의 성공적인 주주 간 계약

건강 모니터링 앱을 개발하는 ㈜헬스테크의 공동창업자(개발자 A, 디자이너 B, 사업가 C) 3인은 창업 초기에 주주 간 계약을 체결했습니다. 계약에는 A가 4,000주를 B와 C는 각 3,000주의 지분 분배 내용, 각자의 역할, 4년에 걸친 지분 가득 일정, 퇴사 시 지분 처리 방식 등이 명시되었습니다. 1년 후 B가 개인 사정으로 퇴사하게 되었지만, 주주 간 계약에 따라 가득된 지분 2,500주만 유지하고 나머지 500주는 회사에 무상으로 이전했습니다. 이로 인해 갈등 없이 원만하게 지분 정리가 이루어졌고, 회사는 계속해서 성장할 수 있었습니다.

4 지분 구조 설계와 가득(Vesting) 조항

공동창업자 간 지분 배분도 분쟁의 씨앗이 될 수 있습니다. 가장 흔한 배분 방식은 모든 창업자에게 동일한 지분을 주는 방식입니다. 하지만 이는 갈등의 원인이 되기 쉬운 방식입니다. 균등 분배는 '역할'이 비슷할 때만 적절하죠. 오히려 고려할 요소를 다각도로 따져 지분을 나누는 것이 합리적입니다. 다음과 같은 지분 배분의 일반적 요소를 고려하여 결정한다면 분쟁을 사전에 방지할 수 있습니다.

- 기여도: 아이디어 제공, 기술 개발, 자금 투자 등 각자의 기여도
- 역할과 책임: 향후 회사에서 맡게 될 역할과 책임의 중요도
- 시간 투입: 전업으로 참여하는지, 파트타임으로 참여하는지 여부
- 경력과 전문성: 각 창업자의 경력과 전문성이 회사에 주는 가치

가득(Vesting) 조항의 중요성

가득(Vesting)이란 일정 동안 회사에 기여한 후에야 지분을 온전히 소유할 수 있게 하는 조항입니다. 가득 조항이 공동창업자 관계 정리에서 중요한 이유는 초기에 총동창업자가 지분을 받은 후 곧바로 떠나는 것을 방지하고, 장기적인 기여를 유도하는 장치이기 때문입니다. 「상법」에는 '가득'에 관한 명시적 규정은 없지만, 「민법」 제105조(계약자유의 원칙)와 제185조(소유권의 내용)에 근거하여 당사자 간 합의로 설정할 수 있습니다. 일반적으로 가득 구조에는 다음과 같은 내용이 포함됩니다.

4년 가득 기간, 1년 클리프(Four-Year Vesting with One-Year Cliff)

- 1년 후 25% 가득, 이후 매월 또는 매 분기 균등하게 가득
- 특정 성과 달성 시 가속 가득 가능

  ※ 클리프는 일정 기간이 지나기 전까지 지분을 행사할 수 없도록 하는 '최소 유예 기간'을 의미

사례를 통해서 좀 더 자세하게 살펴봅시다.

가상 사례: ㈜테크스타트의 가득 조항 활용

소프트웨어 개발 스타트업 ㈜테크스타트는 4명의 공동창업자가 각각 25%의 지분으로 시작했습니다. 주주 간 계약에는 4년 가득 일정(1년 클리프)이 포함되었습니다. 창업 8개월 만에 한 창업자가 퇴사했지만, 1년 클리프 조항에 따라 지분을 하나도 가져가지 못했고, 이 지분은 나머지 창업자들에게 비례 배분되었습니다. 이로 인해 회사는 초기 단계에서의 지분 분산 문제를 효과적으로 해결할 수 있었습니다.

5 의사 결정 구조와 경영권 보호

공동창업자 간의 의사 결정 구조는 회사의 운영 방향과 속도에 큰 영향을 미칩니다. 물론 한 명이 결정하면 빠르지만, 공동창업자와의 합의 과정을 거쳐야 하는 경우가 많습니다. 원만한 의견 조율을 위해 주주 간 계약에서는 다음과 같은 의사 결정 사항을 명확히 규정해야 할 필요가 있습니다.

의사 결정 구조 설계

❶ 일상적 의사 결정: 일상적인 업무 운영에 관한 결정 권한

❷ 중요 의사 결정: 대규모 투자, 주요 계약 체결 등에 관한 결정 방식

❸ 특별 의사 결정: 정관 변경, 합병, 해산 등 회사의 존속에 관한 결정 방식

「상법」 제368조에 따르면, 주주총회의 결의는 발행주식 총수의 과반수를 가진 주주의 출석과 출석한 주주의 의결권의 과반수로 하는 것이 원칙입니다. 그러나 주주 간 계약을 통해 더 엄격한 의결 요건을 설정할 수 있습니다.

경영권 보호 조항

공동창업자의 경영권을 보호하기 위한 주요 조항입니다.

❶ 비토권(Veto Rights): 특정 중요 사안에 대해 거부권을 행사할 수 있는 권리

❷ 이사 선임권: 이사회 구성에 영향을 미칠 수 있는 이사 선임 권한

❸ 정보 접근권: 회사의 주요 정보에 접근할 수 있는 권리

잘 설계된 의사 결정 구조가 사업 성장에 어떤 영향을 줄 수 있는지 사례를 통해 확인해 봅시다.

6 지분 양도 제한과 퇴사 시 처리 방안

공동창업자가 보유한 지분을 외부인에게 자유롭게 양도할 수 있다면, 회사의 지배 구조가 불안정해질 수 있습니다. 이를 방지하기 위해 주주 간 계약에는 지분 양도 제한 조항도 포함해 두는 것이 좋습니다. 다음과 같은 지분 양도 제한 조항을 포함하는 것이 일반적입니다.

지분 양도 제한 조항

- 우선매수권(Right of First Refusal): 주주가 지분을 매각하려 할 때 다른 주주에게 우선적으로 매수할 기회를 제공하는 권리
- 공동매도권(Tag-along Rights): 대주주가 지분을 매각할 때 소수주주도 같은 조건으로 함께 매각할 수 있는 권리
- 강제매도권(Drag-along Rights): 대주주가 회사 전체를 매각하려 할 때 소수주주에게도 매각을 강제할 수 있는 권리

물론 「상법」 제335조에 따르면, 주식의 양도는 자유롭게 할 수 있는 것이 원

칙이지만, 정관으로 이사회의 승인을 받아야 한다는 등의 제한을 둘 수 있습니다. 주주 간 계약을 통해서도 이러한 제한을 설정할 수 있는데, 분쟁을 피하려면 꼭 필요한 조항입니다.

7 퇴사 시 지분 처리 방안

공동창업자가 부득이한 상황으로 퇴사할 때 그의 지분을 어떻게 처리할지에 대한 명확한 규정이 필요합니다. 회사의 지배 구조와 기술 유출 등의 문제도 발생할 수 있기 때문에 명확히 해야 좋습니다. 지분 처리 방법은 공동창업자의 퇴사 사유에 따라 다릅니다.

- 자발적 퇴사: 가득된 지분만 유지하고 나머지는 회사나 다른 주주에게 반환
- 비자발적 퇴사(해고): 퇴사 사유에 따라 차등적인 지분 처리 방식 적용
- 사망 또는 장애: 상속인이나 법정대리인에게 지분 이전 또는 회사의 매입 옵션

가상 사례: ㈜바이오테크의 퇴사 지분 처리

의료기기 개발 스타트업 ㈜바이오테크의 공동창업자 중 한 명인 오 씨는 2년 차에 개인 사정으로 퇴사하게 되었습니다. 주주 간 계약에 따르면, 4년 가득 일정 중 2년이 지났으므로 오 씨는 원래 지분(30%)의 50%인 15%만 유지할 수 있었습니다. 나머지 15%는 회사가 액면가로 매입하여 다른 핵심 인력에 인센티브로 제공했습니다. 이러한 명확한 규정 덕분에 퇴사 과정에서 분쟁 없이 원만하게 지분 정리가 이루어졌습니다.

8 경업 금지 및 비밀 유지 의무

최근 중요해지고 있는 경업 금지와 비밀 유지 의무 조항에 대해서도 알아보죠. 스타트업의 경우 원천 기술이 유출되면 치명적인 피해를 단기간에 입을 수 있습니다.

때문에 공동창업자가 퇴사 후 유사한 사업을 시작하거나 경쟁사에 취업하는 것을 제한하는 경업 금지 조항이 필요합니다. 대법원은 2009다82244판결에서 경업 금지 약정의 유효성을 판단할 때 ① 보호할 가치 있는 사용자의 이익, ② 근로자의 퇴직 전 지위, ③ 경업 제한의 기간·지역 및 대상 직종, ④ 근로자에 대한 대가의 제공 유무, ⑤ 근로자의 퇴직 경위, ⑥ 공공의 이익 및 기타 사정 등을 종합적으로 고려해야 한다고 판시하기도 했습니다.

흔히 '겸업 금지'와 '경업 금지'를 혼동하는 경우가 많은데요. 의미부터 법적 성격까지 다르다는 점 명심하시길 바랍니다. 아울러 경업 금지 조항을 설계할 때도 주의할 점을 소개하고자 하는데요. 다음의 내용을 고려해 조항을 작성하는 것이 유리합니다.

경업 금지 조항 설계 시 고려 사항

- 기간: 일반적으로 6개월~2년(너무 길면 무효 가능성)
- 지역: 회사가 실제로 사업을 영위하는 지역으로 한정
- 업종: 회사의 핵심 사업 영역으로 한정
- 대가: 경업 금지에 대한 적절한 보상 제공

9 비밀 유지 의무

공동창업자가 회사의 영업비밀, 기술정보, 고객 정보 등을 외부에 유출하지 않도록 하는 비밀 유지 의무 조항도 미리 정해야 합니다. 「부정경쟁방지 및 영업비밀보호에 관한 법률」 제2조에 따르면, '영업비밀'이란 공공연히 알려지지 않았고 독립된 경제적 가치를 가지는 것으로서, 비밀로 관리된 생산방법, 판매방법과 그 밖의 영업활동에 유용한 기술상 또는 경영상의 정보를 말합니다. 비밀 유지 조항을 설계할 때는 범위와 기간 등을 명확하게 하는 것이 중요합니다.

비밀 유지 조항 설계 시 고려 사항

- 비밀 정보의 범위 명확화
- 비밀 유지 기간 설정(경업 금지보다 장기간 가능)
- 위반 시 제재 방안(손해배상, 위약금 등)

경업 금지 및 비밀 유지 의무로 막대한 피해를 막았던 사례를 통해 그 중요성을 확인해 보겠습니다.

가상 사례: ㈜클라우드테크의 경업 금지 분쟁

클라우드 보안 솔루션을 제공하는 ㈜클라우드테크의 공동창업자 강 씨는 퇴사 후 3개월 만에 유사한 서비스를 제공하는 새로운 회사를 설립했습니다. ㈜클라우드테크는 주주 간 계약에 명시된 2년간의 경업 금지 조항을 근거로 소송을 제기했습니다. 법원은 경업 금지 기간이 합리적이고, 강 씨가 핵심 기술정보를 보유하고 있었으며, 퇴사 시 충분한 보상을 받았다는 점을 고려하여 ㈜클라우드테크의 손을 들어주었습니다. 강 씨는 새 회사의 운영을 중단하고 손해배상금을 지급해야 했습니다.

정리해 보겠습니다. 공동창업자 간 법적 관계의 정리는 함께 목표를 향해 나가기 위한 필수 조항입니다. 반드시 사전에 공동창업자 간의 법적 관계는 정리해야 하고, 이때 주주 간 계약을 통해 정리를 하는 것이 가장 효과적이란 점 기억하시길 바랍니다.

이 장을 마무리하며 공동창업자 간 법적 관계를 정리할 때 반드시 확인해야 할 체크포인트를 정리했습니다. 동업을 고려하고 있다면 이어지는 체크포인트를 꼭 확인하시길 바랍니다.

지분 구조 체크포인트
☑ 각 창업자의 지분율이 기여도와 역할에 맞게 공정하게 설정되었는가?
☐ 가득(Vesting) 일정이 명확하게 설정되었는가?
☐ 추가 출자 시 지분 변동 방식이 명확한가?
☐ 투자유치 시 지분 희석에 대한 대응 방안이 있는가?

역할 및 책임 체크포인트
☑ 각 창업자의 직책과 담당 업무가 명확히 정의되었는가?
☐ 업무 수행 기준과 평가 방식이 객관적인가?
☐ 급여, 복리후생 등 보상 체계가 공정한가?
☐ 근무 시간 및 헌신도에 대한 기대치가 명확한가?

의사 결정 체크포인트
☑ 일상적/중요/특별 의사 결정의 범위가 명확한가?
☐ 각 의사 결정 유형별 의결 방식이 합리적인가?
☐ 이사회 구성 및 운영 방식이 효율적인가?
☐ 교착 상태(Deadlock) 발생 시 해결 방안이 있는가?

지분 양도 및 퇴사 체크포인트
☑ 지분 양도 제한 조항이 적절히 설정되었는가?
☐ 퇴사 유형별 지분 처리 방식이 명확한가?
☐ 경업 금지 및 비밀 유지 의무가 합리적인 범위 내에서 설정되었는가?
☐ 분쟁 발생 시 해결 절차가 명확한가?

법적 효력 체크포인트
☑ 주주 간 계약이 모든 공동창업자의 서명을 받았는가?
☐ 계약 내용이 법률에 어긋나지 않는가?
☐ 계약 위반 시 제재 방안이 명확한가?
☐ 계약 수정 및 종료 조건이 명시되었는가?

아무리 마음이 맞고 오랜 시간 봐 왔던 동료라도 동업한다는 건 쉬운 일이 아닙니다. 오히려 친밀한 사이일수록 동업 과정에서 관계 정립이 제대로 되지 않아 인간관계까지 틀어지는 경우가 많은데요. 이런 이유로 공동창업자 간의 법적 관계를 명확히 정리하는 것은 스타트업의 성공적인 출발을 위한 필수 조건이라고 볼 수 있습니다.

아무리 친한 사이일지라도 사업에서는 분쟁의 소지가 있는 것들을 미리 명확하게 문서화해 놓는 것이 중요합니다. 사소한 오해와 다툼은 잘 다져 놓은 사업 기반을 송두리째 흔들 수 있기 때문입니다. 주주 간 계약을 통해 지분 구조, 역할 분담, 의사 결정 구조, 지분 양도 제한, 퇴사 시 처리 방안 등을 명확히 정의함으로써, 향후 발생할 수 있는 갈등과 분쟁을 예방할 수 있습니다. 이는 혹시 모를 경제적 피해를 최소화하는 데도 꼭 필요한 준비입니다.

성공적인 스타트업은 혁신적인 아이디어와 열정만으로 이루어지는 것이 아닙니다. 탄탄한 법적 기반 위에서 공동창업자 간의 신뢰가 쌓이고 협력할 때 진정한 성공을 이룰 수 있습니다. 이 장에서 다룬 내용을 바탕으로 공동창업자와의 관계를 건강하게 설정하고, 함께 성장하는 스타트업을 만들어 나가시길 바랍니다.

스타트업에 뛰어든 여러분 앞에 꽃길만 펼쳐지길 바라지만

현실은 만만치 않습니다.

사업 성장 과정에서 많은 법률 리스크에 직면하게 되는 게 현실이죠.

그래서 지금부터는 그 수많은 법률 리스크를

어떻게 관리하는 게 좋은지 알아보겠습니다.

인력의 관리부터 스타트업의 핵심 가치인 지식재산권을 보호하는 방법,

사업상 하게 되는 수많은 계약 과정에서 발생할 수 있는 법률 리스크와

그에 대한 대처법은 무엇인지를 살펴보겠습니다.

02

스타트업 운영과
법률 리스크 관리

2.1. 인사 및 근로계약

빠르게 성장하는 스타트업은 유연한 조직 문화를 추구하는 특징을 가지고 있습니다. 하지만 인사 및 근로계약과 관련한 법적 리스크를 제대로 관리하지 못하면 분쟁이나 비용 증가 등으로 인해 심각한 문제가 발생할 수 있습니다.

1 근로계약서의 중요성과 법적 근거

기본 중의 기본인 근로계약서부터 살펴보겠습니다. 근로계약서는 사용자와 근로자 사이의 근로조건을 명확히 하는 필수 문서입니다. 「근로기준법」 제17조에 따르면, 사용자는 근로계약 체결 시 임금, 소정근로시간, 휴일 및 연차유급휴가 등의 근로조건을 명시한 서면을 근로자에게 교부해야 합니다. 이는 상시 4인 이하의 근로자를 사용하는 사업장에도 적용되는 의무 사항입니다.

최근 대법원판결(2020도16541)에서도 "근로조건 명시 의무를 정한 「근로기준법」 제17조 제1항과 그 벌칙 조항이 상시 4인 이하 근로자를 사용하는 사업장에도 적용된다."라고 판시하였습니다. 이를 위반하면 500만 원 이하의 벌금형이 부과될 수 있습니다.

- 임금: 지급액, 구성 항목, 계산 방법, 지급 방법
- 소정근로시간: 근무 시간과 휴식 시간
- 휴일 및 연차유급휴가: 법정 휴일 및 연차 사용 규정
- 기타 사항: 업무 내용, 근무 장소 등

위의 필수 기재 사항의 명시는 추후 분쟁 발생 시 입증 문제와도 관련될 수 있기에 꼭 챙겨야 합니다. 관련 사례를 살펴볼까요?

가상 사례: 스타트업 ㈜테크스타트의 근로계약서 미작성 건

AI 기반 소프트웨어를 개발하는 ㈜테크스타트는 빠른 성장으로 인해 3개월 만에 직원 수가 2명에서 7명으로 늘었습니다. 업무에 쫓기던 대표 김 씨는 신규 입사자 중 2명과 근로계약서를 작성하지 않았습니다. 6개월 후, 한 직원이 퇴사하면서 근로계약서 미작성을 이유로 노동청에 진정을 제기했고, 회사는 벌금을 부과받았습니다. 또한 해당 직원은 초과근무수당도 청구했는데, 근로시간에 관한 명확한 합의 증거가 없어 직원의 주장을 반박하기 어려웠고 결국 추가로 금전을 지급해야 했습니다.

근로자와 비근로자(프리랜서, 외주) 구분

스타트업에서는 비용 절감과 유연한 인력 운용을 위해 프리랜서나 외주 계약을 활용하는 경우가 많습니다. 그러나 계약 형식과 관계없이 실질적인 근로 제공 형태에 따라 근로자성이 인정될 수 있다는 점에 주의해야 합니다.

대법원은 '계약의 형식이 「민법」상 고용계약인지 도급계약인지와 관계없이 그 실질에 있어 근로자가 사업 또는 사업장에 사용종속관계에 있는지 여부'를 기준으로 근로자성을 판단한다고 판시했습니다. 따라서 외형상 프리랜서로 계약했더

라도 실질적으로 사용자의 지휘·감독 아래 근로를 제공하고 있다면 근로자로 인정될 수 있습니다. 또 작업의 독립성 여부와 상관없이 사용자가 지시한 작업 수행이 프리랜서의 주요 생계 수단이라면, 법원이 근로자성 인정 결정을 내릴 수도 있습니다. 근로자성 판단 기준을 몇 가지를 살펴보죠.

근로자성 판단 기준

- 업무 지시와 감독 여부
- 근무 시간과 장소의 구속 여부
- 업무 도구 및 장비의 소유관계
- 제3자 대체 가능성
- 보수의 성격(근로 자체에 대한 대가인지)

표현이 다소 어려워 이해가 쉽지 않을 테니, 사례를 통해 다시 한번 근로자성에 대해 짚어 보겠습니다.

가상 사례: 스타트업의 ㈜디자인허브 프리랜서 분쟁

UI/UX 디자인 스타트업 ㈜디자인허브는 비용 절감을 위해 디자이너 양 씨와 프리랜서로 계약했습니다. 하지만, 양 씨는 회사 사무실에서 정해진 시간에 근무했고, 회사 장비를 사용하며 업무 지시를 받았습니다. 1년 후 계약 종료 시 양 씨는 자신이 실질적인 근로자임을 주장하며 퇴직금을 청구했고, 법원은 실질적인 사용종속관계를 인정하여 양 씨의 근로자성을 인정했습니다. 결국 회사는 퇴직금과 미지급된 연차수당, 4대 보험 회사 부담금 등 약 800만 원을 추가로 지급해야 했습니다.

임금 및 복리후생 관리

　채용한 직원의 임금은 통화로 직접 근로자에게 전액 지급하는 것이 원칙입니다. 임금 명세서 교부도 의무화되어 있으며, 임금 체불 시 형사처벌 및 행정처분의 대상이 됩니다. 그리고 임금을 지불하는 쪽은 법적으로 지켜야 할 의무가 있기 때문에 이를 미리 파악해 준수해야 합니다.

임금 관련 주요 법적 의무

임금 구성 항목의 명확한 명시

　기본급, 수당, 상여금 등 구성 항목을 명확히 명시해야 합니다.

임금 지급 시기 및 방법

　매월 특정일에 근로자 계좌로 지급하는 등 지급 방법을 명확히 해야 합니다.

최저임금 준수

　「최저임금법」에 따른 최저임금 이상을 지급해야 합니다.

초과근무수당 지급

　연장, 야간, 휴일 근로에 대한 가산 수당을 지급해야 합니다.

가상 사례: 스타트업 ㈜푸드테크의 임금 체불 문제

　식품 배달 앱을 운영하는 ㈜푸드테크는 투자 유치가 지연되면서 일시적인 자금난에 빠졌습니다. 회사는 직원들에게 "투자금이 들어오면 바로 지급하겠다"며

2개월간 임금 지급을 미루었습니다. 결국 몇몇 직원들이 노동청에 진정을 제기했고, 회사는 체불임금뿐만 아니라 지연이자까지 지급해야 했습니다. 그리고 대표이사는 「근로기준법」 위반으로 벌금형을 선고받았습니다. 또한 임금 체불 사실이 취업 포털 사이트에 공개되며 회사의 평판이 손상된 것은 물론이고 우수 인재 채용에도 어려움마저 겪게 되었습니다.

임금을 제때 받지 못한 근로자가 노동청에 진정한 후에도 임금을 지급하지 못했다면 민사소송 또는 형사고소로 이어질 수 있습니다.

3 근로시간 및 휴일 관리

최근에는 산업계에서 뜨거운 이슈인 근로시간 또한 법으로 규정되어 있습니다. 주 52시간제(연장근로 포함) 준수, 연차휴가 부여, 휴식 시간 보장 등 근로 시간 관련 법령을 반드시 지켜야 합니다.

그런데 스타트업 특성상 유연근무제, 탄력근무제 도입이 필요한 경우가 많으므로 적법한 절차와 서면 동의가 필요합니다. 근로 시간 관련 법적 의무는 어떤 것이 있는지부터 살펴봅시다.

근로시간 관련 주요 법적 의무

근로 시간 명시

출근 시간, 퇴근 시간을 모두 기재해야 하며 4시간마다 30분 이상의 휴식 시간을 부여해야 합니다.

주휴일은 일주일에 하루씩 부여하는 유급휴일로, 근로계약서에 주휴일이 언제인지 명시해야 합니다.

연차휴가 부여

연차휴가는 「근로기준법」 제60조에 따라 부여해야 합니다. 이 같은 법적 의무를 제대로 이행하지 않았을 경우 어떤 문제가 생길까요? 게임 관련 스타트업의 사례로 확인해 보겠습니다.

가상 사례: ㈜게임스튜디오의 근로시간 관리 실패

모바일 게임 개발 스타트업 ㈜게임스튜디오는 게임 출시 일정에 맞추기 위해 개발자들에게 연장근로를 요구했습니다. 그러나 초과근로에 대한 별도 관리나 보상 체계를 마련하지 않았습니다. 게임 출시 후, 한 개발자가 퇴사하면서 초과근무수당을 청구했고, 회사는 근로 시간 기록을 제대로 관리하지 않아 해당 개발자의 주장을 반박할 증거를 제시하지 못했습니다. 결국 회사는 해당 개발자에게 약 500만 원의 초과근무수당을 지급해야 했으며, 다른 직원의 유사 청구 가능성이 높아졌습니다.

근로 시간의 관리가 임금의 초과 지출로 이어져 경영에 부담을 주는 것처럼 스톡옵션도 제대로 설계해 놓지 않으면 법적, 경영적인 부담을 초래할 수 있습니다.

4 스톡옵션 설계와 운영

스톡옵션은 기업의 임직원이 일정 기간 내에 미리 정해진 가격으로 소속 회사에서 자사 주식을 살 수 있는 권리를 말합니다. 스타트업은 우수 인재를 유치하고 유지하는 중요한 도구로 스톡옵션을 많이 활용하죠. 그러나 스톡옵션 설계와 운영에는 법적, 세무적 고려 사항이 많으므로 신중하게 접근해야 합니다. 먼저 스톡옵션을 설계할 때는 네 가지 사항을 고려하는 게 일반적입니다.

스톡옵션 설계 시 고려 사항

- 행사 가격 설정
  시장 가치를 반영한 적정 행사 가격 설정
- 표준 가득 기간(Vesting)
  4년 베스팅, 1년 클리프(Four-Year Vesting with One-Year Cliff)
- 퇴사 시 처리 방식
  자발적 퇴사와 비자발적 퇴사에 따른 차등적 처리
- 세무 처리
  스톡옵션 행사 시 발생하는 세금 문제 고려

주요 사항을 잘 지켜 설계된 스톡옵션이 실제 현장에서 어떻게 결과를 낳았는지 스톡옵션 관련 사례를 확인해 보겠습니다.

가상 사례: ㈜바이오테크의 스톡옵션 성공 사례

의료기기 개발 스타트업 ㈜바이오테크는 우수 인재 확보를 위해 체계적인 스톡옵션 제도를 도입했습니다. 4년 가득 기간(1년 클리프)을 설정하고, 핵심 개발자들에게 전체 지분의 10%를 스톡옵션으로 할당했습니다. 또한 퇴사 시 처리 방식을 명확히 하여, 자발적 퇴사 시에는 가득 된 옵션만 행사할 수 있고, 비자발적 퇴사(해고) 시에는 추가 보상을 제공했습니다.

이러한 체계적인 스톡옵션 제도 덕분에 ㈜바이오테크는 경쟁사보다 낮은 급여에도 불구하고 우수 인재를 확보할 수 있었고, 직원들의 장기근속과 높은 몰입도를 끌어냈습니다.

5. 외주 및 프리랜서 계약 시 지식재산권 관리

스타트업이 외주 개발업체나 프리랜서를 활용할 때 중요한 이슈 중 하나는 지식재산권의 귀속 문제입니다. 지식재산권이 누구에게 귀속되느냐가 핵심 내용으로 미리 명시해 둬야 합니다. 명확한 계약 없이 외주 개발을 진행할 경우, 개발 결과물에 대한 소유권 분쟁이 발생할 수 있기 때문입니다.

그렇다면 어떤 점을 염두하고 지식재산권을 관리해야 하는지 확인해 보겠습니다.

지식재산권 관리 주요 사항

- 저작권 귀속 주체 명시

  계약서에 개발 결과물의 저작권의 귀속 주체를 명확히 명시

- 소스코드 소유권 명시

  소스코드의 소유권과 접근 권한에 대한 명확한 규정

- 2차적 저작물 작성권

  개발 결과물을 수정, 변형, 개선할 수 있는 권리에 관한 규정

- 비밀 유지 의무

  개발 과정에서 알게 된 정보에 대한 비밀 유지 의무 규정

특히 저작권 귀속의 주체를 명시하는 것이 중요합니다. 저작권자가 모든 권리를 행사할 수 있기 때문입니다. 사례를 확인해 볼까요?

가상 사례: ㈜핀테크솔루션의 지식재산권 분쟁

모바일 결제 솔루션 개발 스타트업인 ㈜핀테크솔루션은 UI/UX 디자인을 프리랜서 디자이너에게 의뢰했습니다. 그러나 계약서에 저작권 귀속에 관한 명확한 조항을 포함하지 않았습니다. 서비스 출시 후 해당 디자인이 인기를 끌자, 프리랜서 디자이너는 자신이 디자인의 저작권자라고 주장하며 추가 보상을 요구했습니다. 법원은 계약서에 저작권 양도에 관한 명시적 조항이 없다는 점을 들어 디자이너의 손을 들어주었고, 회사는 디자인을 계속 사용하기 위해 추가로 3천만 원을 지급해야 했습니다.

인사 및 근로계약 관리 체크포인트

스타트업 창업자와 인사 담당자가 알아야 할 인력 관리 방법과 근로계약, 외주계약 등 각종 계약 시 생길 수 있는 법률 리스크를 확인해 봤습니다. 체크포인트로 다시 정리하고 마무리하죠.

근로계약 체크포인트
☑ 모든 직원과 서면 근로계약서를 작성, 교부했는가?
☐ 근로계약서에 필수 기재 사항(임금, 근로시간, 휴일, 휴가 등)이 모두 포함되어 있는가?
☐ 프리랜서나 외주 계약 시 근로자성 판단 기준을 검토했는가?
☐ 계약서 내용이 근로기준법 등 「노동관계법령」에 위배되지 않는가?
☐ 수습 기간을 설정한 경우, 그 기간과 조건이 명확히 명시되어 있는가?

임금 및 근로시간 체크포인트	
☑	「최저임금법」을 준수하고 있는가?
☐	연장, 야간, 휴일근로에 대한 가산수당을 정확히 계산하여 지급하고 있는가?
☐	임금명세서를 교부하고 있는가?
☐	주 52시간 근로시간 제한을 준수하고 있는가?
☐	연차휴가를 법에 따라 부여하고 사용을 독려했나?

4대 보험 및 세무 체크포인트	
☑	모든 직원에 대해 4대 보험에 가입했는가?
☐	4대 보험료를 정확히 납부하고 있는가?
☐	원천징수 및 연말정산을 적법하게 처리하고 있는가?
☐	퇴직금 지급을 위한 재원을 마련하고 있는가?

지식재산권 체크포인트	
☑	직원 및 외주 계약자와의 계약서에 지식재산권 귀속 조항이 명확히 포함되어 있는가?
☐	업무상 저작물에 대한 회사의 소유권이 계약서에 명시되어 있는가?
☐	비밀 유지계약(NDA)을 모든 직원 및 외주 계약자와 체결했는가?
☐	퇴사자의 경업금지 및 비밀 유지 의무가 명확히 규정되어 있는가?

스톡옵션 체크포인트	
☑	스톡옵션 부여 대상과 규모가 적절히 설정되어 있는가?
☐	가득 기간(Vesting)과 행사 조건이 명확히 규정되어 있는가?
☐	퇴사 시 스톡옵션 처리 방식이 명확히 규정되었는가?
☐	스톡옵션 관련 세무 이슈를 검토했는가?

스타트업을 성공 궤도에 올려놓고 싶다면 유능한 인재를 확보하는 게 중요합니다. 하지만 실력과 스펙에 치중해 인사 관리와 근로계약과 관련된 법적 리스크

를 제대로 관리 못한다면 아무리 좋은 인재도 독이 될 수 있습니다. 인재 선발에 앞서 인사 및 근로계약 관련 법적 리스크를 사전에 인지하고 관리하는 데 중점을 둘 필요가 있는 것이죠.

근로계약서 작성, 임금 및 근로 시간 관리, 지식재산권 보호 등 기본적인 법적 요구 사항을 준수하면서도, 스톡옵션과 같은 인센티브 제도를 효과적으로 활용한다면 우수 인재를 확보하고 유지하는 데 큰 도움이 될 것입니다. 또한 빠르게 성장하는 스타트업 환경에서는 채용과 관련된 법적 리스크가 증가할 수 있으므로, 정기적인 법률 검토와 전문가 자문을 통해 잠재적 문제를 예방하는 것이 중요합니다. 인사 관리는 단순한 행정 업무가 아니라 회사의 성장과 지속 가능성을 결정짓는 핵심 요소입니다.

2.2. 지식재산권 보호

스타트업의 핵심 자산 지키기

스타트업의 핵심 자산 중 IP(Intellectual Property, 지식재산권)의 가치는 아무리 강조해도 지나치지 않습니다. 특히 최근 스타트업의 핵심 자산은 대부분 '눈에 보이지 않는 아이디어, 기술, 브랜드'이기 때문입니다. 혁신적인 아이디어와 차별화된 기술, 독창적 브랜드는 스타트업의 핵심 경쟁력이자 가치의 원천이기에 이를 법적으로 보호하는 것은 사업의 생존과 직결됩니다. 스타트업이 알아야 할 지식재산권의 종류와 보호 방법 그리고 지식재산권을 지키기 위한 최선의 전략은 무엇인지 알아보겠습니다.

1 지식재산권의 개념과 중요성

지식재산권이란 '인간의 창조적 활동으로 만들어진 무형의 자산에 대한 권리'를 의미합니다. 법률적 정의를 살펴보면 「지식재산 기본법」 제3조에 따르면 '지식재산'이란 인간의 창조적 활동 또는 경험 등에 의하여 창출되거나 발견된 지식, 정보, 기술, 사상이나 감정의 표현, 영업이나 물건의 표시, 생물의 품종이나 유전자원, 그밖에 무형적인 것으로서 재산적 가치가 실현될 수 있는 것을 의미합니다. 법적으로 지식재산권은 크게 다음과 같이 분류됩니다.

- **산업재산권**: 특허, 실용신안, 상표, 디자인 등
- **저작권**: 문학, 음악, 미술 등의 창작물에 대한 권리
- **신지식재산권**: 영업비밀, 데이터베이스, 반도체 배치설계 등

실제 산업 현장에서는 지식재산권의 중요성을 간과하는 일이 많은데요. 사례를 통해 지식재산권 보호 조치의 미흡이 어떤 문제를 초래할 수 있는지 살펴보겠습니다.

가상 사례: 스타트업 ㈜헬시푸드의 실패
건강식품 배달 스타트업 ㈜헬시푸드는 특별한 알고리즘을 개발해 고객의 건강 상태에 맞는 맞춤형 식단을 추천하는 서비스를 시작했습니다. 그러나 특허 출원을 미루는 사이, 경쟁사가 유사한 알고리즘을 개발해 시장을 선점했고, 브랜드 상표권도 등록하지 않아 유사한 이름의 경쟁업체가 등장해 고객에게 혼란을 주었습니다. 결국 ㈜헬시푸드는 법적 보호 장치 없이 핵심 기술과 상표 가치를 잃고 시장에서 철수했습니다.

2 브랜드 보호의 첫걸음, 상표권 등록

상표권은 자사의 제품이나 서비스를 타사와 구별하기 위한 식별표지(상표)를 보호하는 권리입니다. 스타트업에게 상표는 단순한 이름이 아니라 기업의 정체성과 신뢰를 담은 중요한 자산이므로 미리 등록해서 그에 대한 권리도 주장할 수 있습니다.

「상표법」 제2조에 따르면 '상표'란 자기의 상품과 타인의 상품을 식별하기 위하여 사용하는 표장을 의미합니다. 상표권은 특허청에 등록해야만 보호받을 수

있습니다. 그리고 등록된 상표권은 「상표법」 제83조에 따라 설정 등록일로부터 10년간 유효하고 갱신 등록을 통해 계속 보호받을 수 있습니다.

상표권 등록 절차

상표권 등록 절차는 생각보다 어렵지 않습니다. 상호를 정할 때와 마찬가지로 유사성에 대한 검색부터 시작됩니다. 세부적인 절차는 다음과 같습니다.

- 상표 검색: 이미 등록된 유사 상표가 있는지 확인
- 출원 서류 준비: 상표 견본, 지정 상품 등 필요 서류 준비
- 출원: 특허청에 상표 등록 출원
- 심사: 특허청의 심사관이 상표 등록 가능 여부 심사
- 공고 및 등록: 이의신청 기간을 거쳐 최종 등록

위의 세부 사항 중 한 가지라도 제대로 검토하지 못한다면 상표권 분쟁에 휘말릴 수 있는데요. 사례를 통해 알아보겠습니다.

가상 사례: ㈜코드메이커의 상표권 분쟁

프로그래밍 교육 플랫폼 스타트업체인 ㈜코드메이커는 서비스 출시 후 인기를 얻었지만, 상표권 등록을 미루는 사이에 유사한 이름의 ㈜코드메이커스라는 경쟁 업체가 먼저 상표를 등록했습니다. 결국 유사성 때문에 ㈜코드메이커는 브랜드 이름을 변경해야 했고, 이 과정에서 마케팅 비용 손실과 고객 혼란으로 인해 큰 타격을 입었습니다. 이 사례는 서비스 출시 전에 상표권 등록을 완료하는 것의 중요성을 보여 줍니다.

3 | 기술과 콘텐츠의 보호막 특허 및 저작권 보호

특허권

특허권과 저작권은 같은 듯하지만, 다른 점이 많습니다. 특허부터 살펴보죠. 특허는 발명에 관한 권리로, 새롭고 진보된 기술적 아이디어를 보호합니다. 특허권은 출원 후 심사를 거쳐 등록되며, 등록 후에는 출원일로부터 최대 20년간 보호받을 수 있습니다. 「특허법」 제2조에 따르면, '발명'이란 자연법칙을 이용한 기술적 사상의 창작으로서 고도한 것을 의미합니다. 그리고 「특허법」 제94조에 따라 특허권자는 업으로서 특허발명을 실시할 권리를 독점합니다. 특허는 출원부터 등록까지 다음과 같은 절차를 거쳐야 권리를 행사할 수 있습니다.

특허 출원 및 등록 절차

- 선행기술조사: 유사한 기술이 이미 존재하는지 확인
- 특허 명세서 작성: 발명의 내용을 상세히 기술
- 출원: 특허청에 특허 출원
- 심사 청구: 출원일로부터 3년 이내에 심사 청구
- 심사 및 등록: 특허 요건 충족 시 특허 등록

저작권

특허가 기술에 대한 권리라면 저작권은 문학, 예술, 학술 등의 창작물에 대한 권리로, 창작과 동시에 자동으로 발생하는 특징이 있습니다. 국가별로 다르지만, 한국의 경우 저작권은 저작자 사후 70년까지 보호됩니다. 별도의 등록 절차 없이도 보호받을 수 있다는 것이 특허권과 다른 점인데요. 법에 관련 내용이 명시되어 있습니다.

「저작권법」 제2조에 따르면 '저작물'이란 인간의 사상 또는 감정을 표현한 창작물을 의미합니다. 「저작권법」 제10조에 따라 저작권은 저작물을 창작한 때부터 발생하며 어떠한 절차나 형식의 이행이 필요하지 않습니다.

문제가 되는 것은 저작권 침해 사례가 2024년 기준으로 5년간 10배 가까이 증가할 정도로 빠르게 늘어나고 있다는 점입니다. 특히 생성형 AI의 발달로 인해 K-콘텐츠 저작권의 침해 사례가 폭증하고 있죠. 저작권 침해로 인한 피해를 최소화하기 위해서는 보호 조치는 이제 필수가 됐습니다.

저작권 보호 방법

- 저작권 표시: © 마크, 창작 연도, 저작자명 표기
- 저작권 등록: 한국저작권위원회에 저작권 등록
- 저작권 침해 모니터링: 정기적인 침해 여부 확인

가상 사례: 스타트업 ㈜콘텐츠허브의 저작권 분쟁

교육 콘텐츠 플랫폼 ㈜콘텐츠허브는 프리랜서 작가에게 의뢰한 교육 자료를 서비스에 활용했습니다. 그러나, 계약서에 저작권 양도 조항을 명확히 명시하지 않아, 일부 작가가 콘텐츠 사용에 대해 추가 보상을 요구하는 분쟁이 발생했습니다. 외부 제작자와의 계약 시 저작권 귀속 관계를 명확히 해야 함을 보여 줍니다.

업무상 저작물의 저작권은 누구에게?

스타트업에서 직원들이 업무 중 만든 창작물의 저작권이 누구에게 있는지는 매우 중요한 문제입니다. 직원 창작물의 소유권에 대해 명확히 하지 않으면 퇴사 후 분쟁의 소지가 될 수 있습니다.

「저작권법」제2조 제31호에 따르면 '업무상저작물'이란 법인·단체 그 밖 사용자의 기획하에 법인 등의 업무에 종사하는 자가 업무상 작성하는 저작물을 의미합니다. 「저작권법」제9조에 따르면 법인 등의 명의로 공표되는 업무상저작물의 저작자는 계약 또는 근무규칙 등에 다른 정함이 없는 때에는 그 법인 등이 됩니다. 대법원은 여러 판례를 통해 업무상 저작물의 요건을 다음과 같이 판시했습니다.

업무상 저작물의 요건

- 법인 등의 기획 아래에 작성될 것
- 법인 등의 업무에 종사하는 자에 의해 작성될 것
- 업무상 작성될 것
- 법인 등의 명의로 공표될 것

하지만 프로젝트 종료 후 업무상 저작물에 대한 권리를 주장하거나 무단으로 사용, 또는 도용하는 사례가 적지 않습니다.

사례를 통해서 이런 경우 어떻게 대응해야 하는지 확인해 보죠.

가상 사례: 스타트업 ㈜테크노바의 저작권 분쟁

소프트웨어 개발 스타트업 ㈜테크노바의 개발자 서 씨는 재직 중 회사 프로젝트와 관련된 알고리즘을 개발했습니다. 퇴사 후 서 씨는 해당 알고리즘을 자신의 새 회사에서 활용하려 했으나, ㈜테크노바는 이것이 업무상 저작물이므로 회사에 귀속된다고 주장했습니다. 법원은 해당 알고리즘이 회사의 기획 아래에 업무 수행 과정에서 개발되었으므로 ㈜테크노바의 저작물임을 인정했습니다. 이 사례는 직원의 창작물에 대한 권리관계를 명확히 하는 것의 중요성을 보여 줍니다.

4 영업비밀 보호 '공개하지 않아도 가치 있는 정보'

'요리사의 특급 레시피', '청소 달인의 수납 노하우'처럼 기업도 공개하고 싶지 않은 영업비밀이 존재합니다. 법적 의미를 갖는 영업비밀이란 공개되지 않은 채 경제적 가치를 가지는 기술 또는 경영 정보를 말합니다. 특허와 달리 공개하지 않고도 보호받을 수 있지만, 눈에 보이거나 물리적 실체가 있는 게 아니기 때문에 비밀로 유지하기 위한 적절한 조치를 선제적으로 할 필요가 있습니다.

법적 근거에 따르면, 「부정경쟁방지 및 영업비밀보호에 관한 법률」 제2조가 있습니다. 이 법률에 따르면, '영업비밀'이란 공공연히 알려지지 않고 독립된 경제적 가치를 가지는 것으로서, 합리적인 노력으로 비밀 유지된 기술상 또는 경영상의 정보를 의미합니다.

주목할 것은 영업비밀 침해행위를 통한 「부정경쟁방지법」 위반 사례에 대해 법원에서는 계속해서 유죄판결을 내고 있다는 점입니다. 결국 영업비밀에 대한 법적 다툼은 미리 방지하는 편이 좋습니다. 다음 네 가지의 방식을 활용하면 영업비밀 보호에 도움이 됩니다.

영업비밀 보호 방법

- 비밀 유지계약(NDA) 체결: 직원, 협력업체와 NDA 체결
- 접근 제한: 중요 정보에 대한 접근 권한 제한
- 보안 정책 수립: 문서 관리, 정보 보안 정책 수립
- 교육 및 인식 제고: 직원 대상 정기적인 보안 교육 실시

관련 사례를 살펴보면서 비밀 유지계약의 중요성을 한 번 더 확인해 보겠습니다.

5 지식재산권 포트폴리오 구축 전략

스타트업은 단일 지식재산권에 의존하기보다는 다양한 지식재산권을 조합한 포트폴리오를 구축하는 것이 중요합니다. 지식재산권 포트폴리오는 특정 제품, 특정 기술과 같은 비교적 범위가 한정된 특정 기술 분야에 초점을 맞추어 구축되는 경우가 일반적입니다. 기술의 고도화가 끊임없이 이루어져 어디까지 발전하게 될지 가늠할 수 없을 정도로 무한 확장할 수 있기 때문에, 기술 간 융합화와 복합화가 가능하도록 포트폴리오를 구성하는 게 유리합니다. 또 이는 경쟁사의 우회 전략을 방지하고 기업가치를 높이는 데 도움이 됩니다.

지식재산권 포트폴리오 구축 단계

1단계: 파악

보유한 기술, 브랜드, 콘텐츠 등을 파악하고 보호 가능성 평가하는 단계로 어떤 권리를 묶어 보호할 것인지를 정합니다.

- 특허로 보호할 수 있는 기술인가?

- 상표 등록이 필요한 브랜드 요소가 있나?

- 저작권으로 보호할 창작물이 있나?

- 영업비밀로 유지해야 할 정보가 있나?

2단계: 전략 수립

위의 평가 결과를 토대로 지식재산권 보호 전략을 수립합니다.

- 핵심 기술: 특허 출원

- 제품 디자인: 디자인 특허 출원

- 브랜드: 상표 등록

- 소프트웨어: 저작권 등록 및 소스코드는 영업비밀로 보호

3단계: 등록

전략에 따라 실제 출원 및 등록 진행합니다.

- 특허, 상표, 디자인 출원

- 저작권 등록

- 영업비밀 보호 체계 구축

4단계: 관리

등록된 지식재산권은 체계적으로 관리해야 합니다.

- 갱신 일정 관리

- 침해 모니터링

- 라이선싱 기회 탐색

가상 사례: ㈜스마트클린의 IP 포트폴리오 구축

로봇 청소기 스타트업 ㈜스마트클린은 청소 알고리즘(특허 출원), 로봇 디자인

(디자인 특허 출원), ㈜스마트클린 상표(상표 등록), 제어 앱(저작권 등록 및 소스코드는 영업비밀로 보호)의 IP 포트폴리오를 구축했습니다.

이러한 포괄적인 IP 포트폴리오 덕분에 ㈜스마트클린은 시장에서의 경쟁력을 강화하고, 기업가치를 높일 수 있었습니다. 또한 청소 알고리즘 라이선싱을 통한 추가 수익 창출, 강력한 특허 포트폴리오를 바탕으로 한 투자 유치 성공, 브랜드 가치 상승으로 인한 마케팅 효과 증대 등의 성과를 얻었습니다.

아무리 철저하게 사전 보호 조치를 해 두어도 지식재산권에 대한 침해는 발생할 수 있습니다. 이때 중요한 것은 신속한 대응입니다. 더불어 효과적이기까지 한 대응 방안을 미리 매뉴얼을 제작하는 것이 좋은데요. 침해 발생 시 취할 수 있는 대응 전략을 소개합니다.

지식재산권 침해 대응 전략

침해 사실 확인 및 증거 수집

- 침해 내용, 범위, 기간 등 파악
- 침해 증거 수집 및 보존

경고장 발송

- 침해 중단 요청 및 협상 제안
- 내용증명 우편 활용

법적 조치 검토

- 가처분 신청: 긴급한 침해 중단 필요시
- 민사소송: 손해배상 청구
- 형사고소: 고의적 침해의 경우

- 라이선싱 협상
- 기술 협력 제안

지식재산권 침해가 발생했을 경우의 대응 방안을 사례로 한 번 더 짚어 보고 마무리하겠습니다.

가상 사례: 스타트업 ㈜디자인 랩의 침해 대응

UI/UX 디자인 스타트업 ㈜디자인 랩은 자신들의 독특한 디자인 시스템이 경쟁사에 의해 무단 복제되는 것을 발견했습니다. ㈜디자인 랩은 즉시 증거를 수집하고 법률 전문가의 도움을 받아 내용증명을 보내 침해 중단을 요청했습니다. 경쟁사가 이에 응하지 않자, ㈜디자인 랩은 법원에 침해금지가처분 신청을 제기했고, 법원은 디자인의 독창성과 침해 사실을 인정하여 경쟁사의 해당 디자인 사용을 금지했습니다.

지식재산권에 대한 정의 그리고 분류와 각기 다른 지식재산권을 어떻게 지켜야 하는지 확인해 봤습니다. 이어서 스타트업이 지식재산권을 효과적으로 관리하기 위한 체크포인트를 정리해 보겠습니다.

상표권 체크포인트
☑ 회사명, 제품명, 서비스명에 대한 상표 검색을 했는가?
☐ 핵심 브랜드 요소에 대한 상표 출원을 완료했는가?
☐ 해외 진출 계획이 있는 국가에 대한 상표 출원을 고려했는가?
☐ 상표권 갱신 일정을 관리하고 있는가?
☐ 제3자의 상표권 침해 여부를 정기적으로 모니터링하고 있는가?

특허권 체크포인트
☑ 핵심 기술에 대한 특허 출원 가능성을 검토했는가?
☐ 특허 출원 전 선행기술조사를 실시했는가?
☐ 특허 명세서 작성 시 전문가의 도움을 받았는가?
☐ 해외 특허 출원 필요성을 검토했는가?
☐ 경쟁사의 특허 동향을 모니터링하고 있는가?

저작권 체크포인트
☑ 창작물에 저작권 표시(©)를 하고 있는가?
☐ 직원과의 고용계약서에 업무상 저작물 귀속 조항을 포함했는가?
☐ 외부 제작자와의 계약 시 저작권 양도 조항을 명확히 했는가?
☐ 오픈소스 라이선스 준수 여부를 확인하고 있는가?
☐ 저작권 침해 모니터링 체계를 갖추고 있는가?

영업비밀 체크포인트
☑ 영업비밀로 보호할 정보를 식별하고 목록화했는가?
☐ 임직원과 비밀 유지계약(NDA)을 체결했는가?
☐ 협력업체, 투자자 등 외부인과 NDA를 체결했는가?
☐ 영업비밀에 대한 접근 제한 조치를 취하고 있는가?
☐ 퇴사자 관리 프로세스(정보 반환, 접근 권한 회수 등)를 갖추고 있는가?

지식재산권은 스타트업의 존폐를 가름할 정도로 중요한 자산입니다. 창업 초기 단계에서부터 상표권, 특허권, 저작권 등을 체계적으로 보호하는 것이야말로 사업의 지속 가능성과 기업가치를 높이는 데 필수적인 조건입니다. 특히 직원이 만든 저작물의 귀속 관계를 명확히 하고, 외부와의 협업 시 지식재산권 관련 조항을 계약서에 명시하는 것이 중요합니다.

지식재산권 보호는 복잡하고 전문적인 영역이지만, 기본적인 개념과 보호 방법을 이해하고 선제적으로 매뉴얼을 만들고, 적절한 시점에 전문가의 도움을 받는다면 스타트업의 핵심 자산을 잘 지켜 낼 수 있을 것입니다. 지식재산권에 대한 권리 설정은 단순한 방어 수단을 넘어, 스타트업의 성장과 가치 창출을 위한 전략적 도구로 활용될 수 있음을 잊지 마시길 바랍니다.

스타트업을 위한 Tip

WIPO(세계지식재산권기구)가 제안한 체크리스트는 스타트업 창업자가 지식재산권 관리를 시작하는 데 참고하기 좋은 자료입니다. 예비 창업자 여러분을 위해 정리해 두니 활용하시길 바랍니다.

WIPO's Checklist
❶ 어떠한 지식재산 자원을 창출할 수 있는가?
❷ 이러한 자원을 영업비밀, 특허, 상표, 디자인, 도메인네임, 저작권으로 보호가 가능한가?
❸ 어떠한 지식재산 자원을 창출할 수 있는가?
❹ 지식재산 권리에 직무발명과 같은 소유권 이슈가 있는가?
❺ IP 소유권을 결정짓는 다른 계약 이슈가 있는가?
❻ 침해의 소지가 있는가?
❼ 지식재산권 출원·등록·유지가 적시에 이루어질 수 있는가?
❽ 권리 보호를 원하는 모든 국가에 출원하였는가?
❾ 경쟁력 있는 비즈니스 정보의 기밀성을 유지하기 위한 조치를 했는가?

2.3. 계약 및 고객 보호

안전한 비즈니스 관계 구축하기

모든 기업이 그렇듯이 스타트업도 성장하면서 다양한 이해관계자와 계약을 맺게 됩니다. 이러한 계약이 순탄하게 흘러가면 좋겠지만 법적 분쟁은 어디서든 발생할 수 있습니다. 고객, 파트너, 공급업체 등 계약관계도 다양하므로 각각의 계약관계에서 발생할 수 있는 법적 리스크를 사전에 방지하고 관리하는 것은 스타트업의 지속 가능한 성장을 위해 매우 중요한 일입니다.

지금부터 스타트업 경영자가 꼭 알아야 할 계약 및 고객 보호에 관한 핵심 법률 이슈는 무엇이 있는지 살펴보겠습니다.

1 웹사이트 및 앱 운영의 법적 기반, 서비스 이용약관

서비스 이용약관은 스타트업과 서비스 이용자 간의 권리와 의무를 규정하는 계약입니다. 웹사이트나 앱을 통해 서비스를 제공하는 스타트업에게 이용약관은 단순한 형식적 문서가 아니라 '계약'이므로 법적 분쟁 발생 시 중요한 근거가 되는 필수적인 법률 문서입니다.

이용약관의 법적 성격과 중요성

이용약관은 사업자와 고객 간의 계약으로서 법적 구속력을 갖습니다. 약관의 규제에 관한 법률에 따르면, 이용약관은 사업자가 여러 명의 고객과 계약을 체결하기 위해 일방적으로 작성한 계약 조건입니다. 이용약관을 통해 스타트업은 서비스 제공 조건, 이용자의 의무, 책임 제한 등을 명확히 할 수 있습니다. 단순히 작성하고 끝이 아니라 법률적 검토까지 거쳐 취약점은 없는지 검토하는 작업까지 하는 것이 좋습니다.

이용약관에서는 주로 '웹/앱을 이용할 때 이용자들이 준수해야 할 사항들'에 대하여 규정합니다. 예를 들면, 타인의 명의를 도용하여 회원 가입을 하는 것, 저작권 위반 게시물 업로드, 불법 프로그램 설치를 통한 운영 방해, 해킹 등을 금지하고 그에 관하여 제재하는 조항이 필요합니다. 가장 기본적인 필수 기재 사항부터 확인해 봅시다.

이용약관에 반드시 포함되어야 할 사항

- **웹사이트 소유자 및 제공자 정보**

  회사명, 대표자명, 주소, 연락처 등 기본 정보

- **서비스 내용 및 이용 조건**

  제공하는 서비스의 내용과 이용 방법

- **이용자의 권리와 의무**

  서비스 이용 시 준수해야 할 사항

- **개인정보 처리 방침**

  개인정보 수집, 이용, 보관에 관한 사항

- **지식재산권 관련 조항**

  콘텐츠의 저작권, 상표권 등에 관한 사항

- **서비스 중단 및 변경에 관한 사항**

  서비스 중단 시 책임 범위

- **계약 해지 조건**

  서비스 이용 계약 종료 조건

- **면책 조항**

  서비스 제공자의 책임 범위 제한

- **분쟁 해결 방법**

  분쟁 발생 시 해결 절차

특히 플랫폼 비즈니스(시간과 공간의 제약을 넘어 이용자와 공급자를 연결해 주는 형태의 사업)를 운영하는 스타트업의 경우, 직접 제품이나 서비스를 판매하는지, 단순한 중개('플랫폼' 서비스)만 하는지 등 서비스의 내용과 특성에 따라서 이용약관의 내용이 달라질 수 있습니다. 만일 중개만 한다면, 이용약관과 상세 페이지 등에 직접 판매자가 아닌 '통신 판매 중개자'라는 점을 명확히 해야 합니다.

이용약관 작성 시 주의 사항

앞서 언급했던 이용약관에 필수로 포함되어야 할 내용을 참고해 이용약관을 작성해 봅시다. 가장 중요한 것은 약관의 규제에 관한 법률을 준수하는 것입니다. 이 법률에 따르면 불공정한 약관 조항은 무효가 될 수 있기 때문입니다. 무턱대고 회사에만 유리한 약관을 작성하는 건 리스크를 자초하는 일입니다. 특히 다음과 같은 조항은 무효로 간주할 수 있습니다.

- 사업자의 책임을 부당하게 면제하는 조항
- 고객에게 과도한 손해배상 의무를 부과하는 조항
- 고객의 정당한 권리 행사를 제한하는 조항

실제로 이용약관으로 인해 발생할 수 있는 분쟁 사례를 확인해 보겠습니다.

가상 사례: 스타트업 ㈜헬시밀의 이용약관 분쟁

건강식 배달 스타트업 ㈜헬시밀은 서비스 출시 초기에 이용약관을 제대로 검토하지 않고 온라인에 게시했습니다. 이용약관에는 "서비스 품질에 문제가 있더라도 회사는 어떠한 책임도 지지 않는다."라는 조항이 포함되어 있었습니다. 한 고객이 변질된 음식을 배달받아 식중독 증상을 겪은 후 회사에 손해배상을 청구했으나, 회사는 이용약관을 근거로 책임을 부인했습니다. 그러나 법원은 「약관의 규제에 관한 법률」 제7조(면책조항의 금지)에 따라 해당 조항이 무효라고 판단하고, 회사에 손해배상 책임을 인정했습니다. 이 사례를 통해 불공정한 약관 조항이 법적 보호를 받지 못한다는 걸 알 수 있습니다.

이용약관의 효력 발생 요건

이용약관이 법적 효력을 갖기 위해서는 이용자에게 적절히 고지해야 하고 동의를 받아야 합니다. 「약관의 규제에 관한 법률」 제3조에는, 사업자는 계약 체결 시 고객에게 약관의 내용을 명시하고 설명해야 한다고 명시되어 있습니다.

특히 온라인 서비스의 경우, 일반적으로 회원 가입이나 서비스 이용 시작 전에 이용약관을 제시하고 동의를 받는 방식을 취합니다. 이때 약관의 내용을 확인할 수 있는 링크를 제공하고, 이용자가 명시적으로 동의 의사를 표시하도록 해야 합니다.

2 고객 신뢰의 기반 「개인정보보호법」 준수

개인정보 보호는 스타트업뿐만 아니라 모든 회사가 지켜야 하는 사항입니다. 특히 최근 빈번하게 일어나고 있는 개인정보 유출은 기업에 막대한 손해와 신뢰 하락을 가져올 수 있습니다. 고객의 신뢰를 얻고 법적 리스크를 낮추기 위해 반드시 준수해야 할 중요한 영역인 「개인정보보호법」은 개인정보의 수집, 이용, 제공, 관리에 관한 전반적인 사항을 다음과 같이 규정하고 있습니다.

개인정보 수집 및 이용 동의 절차

개인정보 수집 및 이용 동의 절차를 설계할 때 중점을 둬야 하는 건 「개인정보보호법」 제15조입니다. 이에 따르면 개인정보처리자는 개인정보를 수집할 때 정보 주체의 동의를 받아야 합니다. 이때 동의를 받기 위해서는 아래 네 가지 사항을 정보 주체에게 알려야 합니다.

- 개인정보의 수집 및 이용 목적
- 수집하려는 개인정보의 항목
- 개인정보의 보유 및 이용 기간
- 동의를 거부할 권리가 있다는 사실 및 동의 거부 시 불이익이 있는 경우 그 불이익의 내용

개인정보 수집 및 이용 동의에는 위의 4개 항목에 관한 내용은 꼭 포함되어야 합니다. 또한 자유롭게 동의와 비동의 여부를 고를 수 있게 선택지를 제시해야 합니다. 비동의하지 못하게 강요하거나 동의하지 않는다는 이유로 서비스 이용을 불가능하게 한다거나, 별도의 비용이나 대가를 요구하는 것도 금지입니다.

일부 개인정보는 그 민감성이나 중요성 때문에 별도의 동의가 필요합니다. 대표적인 것이 주민등록번호인데요. 그 외에 어떤 정보를 수집할 때 별도의 동의가 필요할까요?

- **민감정보**

  사상, 신념, 노조, 정당의 가입·탈퇴, 정치적 견해, 건강, 성생활 정보, 유전정보, 범죄경력자료 등 고객의 사생활을 현저히 침해할 우려가 있는 개인정보

- **고유식별정보**

  주민등록번호, 운전면허번호, 여권번호, 외국인등록번호

  (단, 주민등록번호는 법률·대통령령 등에 근거가 있거나 급박한 생명, 신체, 재산의 이익을 위해 명백히 필요한 경우에만 수집 가능)

- **제3자 제공**

  개인정보를 제3자에게 제공하는 경우

- **국외 이전**

  개인정보를 국외로 이전하는 경우

- **마케팅 목적 이용**

  광고성 정보를 발송하는 경우

우리 주변에서 「개인정보보호법」 위반은 비일비재하게 일어나고 있습니다. 스타트업의 경우 위반 후 과징금 납부와 시정명령으로 인해 막대한 손해를 입는 것은 물론, 막 형성된 고객과의 신뢰 파탄으로 서비스 이용자들의 이탈까지 이뤄질 수 있기에 더 치명적입니다. 사례를 통해 어떤 문제를 야기할 수 있는지 확인해 보겠습니다.

가상 사례: 스타트업 ㈜트래블메이크의 개인정보 보호법 위반

여행 플랫폼 스타트업 ㈜트래블메이크는 사용자의 위치 정보를 활용해 맞춤형 여행 추천 서비스를 제공했습니다. 그러나 회원 가입 시 위치 정보 수집에 대한 별도 동의 절차 없이 기본 개인정보 수집 동의만 받았고, 수집한 위치 정보를 제

휴 호텔에 마케팅 목적으로 제공했습니다. 이에 한 사용자가 개인정보보호위원회에 신고했고, 조사 결과 ㈜트래블메이크는 「개인정보보호법」 제18조(개인정보의 목적 외 이용·제공 제한) 위반으로 과징금 3천만 원과 시정명령을 받았습니다. 이처럼 개인정보 수집 및 제3자 제공 시 별도 동의를 받는 것은 중요합니다.

개인정보 처리 방침 작성 및 공개

법률 리스크를 줄이기 위해선 기업의 개인정보 처리 방침이 있어야 합니다. 물론 실제로 법으로도 규정되어 있는데요. 「개인정보보호법」 제30조에 따르면, 개인정보처리자는 개인정보 처리 방침을 수립하고 공개해야 합니다. 개인정보 처리 방침에는 다음 사항 등이 포함되어야 합니다.

- 개인정보의 처리 목적
- 개인정보의 처리 및 보유 기간
- 개인정보의 제3자 제공에 관한 사항
- 개인정보 처리의 위탁에 관한 사항
- 정보 주체의 권리·의무 및 그 행사 방법에 관한 사항
- 처리하는 개인정보의 항목
- 개인정보의 파기에 관한 사항
- 개인정보 보호 책임자에 관한 사항

2023년 「개인정보보호법」이 개정되었습니다. 이 과정에서 기업 등이 서비스 이용계약 과정에서 신뢰에 기반하여 별도의 동의 없이 개인정보를 이용할 수 있도록 했고, 동의가 꼭 필요한 경우에 한정하여 정보 주체로부터 명시적인 동의를 받도록 개선했습니다.

다시 말해, 개인정보처리자는 서비스 이용 등 계약에 관해 필요한 개인정보에 대해 이용자 동의를 별도로 요구할 필요가 없습니다. 단, 동의 없이 처리하는 개인정보가 실제로 계약의 이행에 필수적이라는 사실은 개인정보처리자가 입증해야 합니다.

3 B2B/B2C 계약서 검토: 비즈니스 관계의 법적 기반

최근 불효자식을 예방하기 위해 가족 간에 '효도계약서' 작성이 유행처럼 번지는 웃지 못할 상황이 벌어지고 있다고 합니다. 일명 알바생들의 근로계약서 작성률도 2016년 63.0%에서 2021년 83.3%까지 꾸준히 상승하였습니다(2021년 알바몬 조사). 이처럼 나를 법정 분쟁에서 지켜 줄 수 있는 최저 방어선인 계약서의 중요성은 점점 커지고 있습니다. 스타트업 역시 다양한 사업 파트너, 공급업체, 고객과 계약을 체결하게 됩니다. 이러한 계약관계에서 발생할 수 있는 법적 리스크를 방지하기 위해 계약서의 주요 조항을 꼼꼼히 검토하는 것이 중요합니다. 특히 다음 네 가지 사항은 필수적으로 검토해야 합니다.

계약서 필수 검토 사항

- 계약 당사자 확인
  계약 체결 주체가 실제 계약을 체결하는 당사자와 일치하는지 확인
- 권리와 의무 명확화
  계약 당사자 간 권리와 의무가 제대로 기재되었는지 확인
- 계약 기간 설정
  계약의 성격에 맞게 장기나 단기로 계약 기간이 제대로 기재되었는지/자동 연장을 할 것인지 확인

- 계약 해지 조건

  어떠한 사유로 계약이 해지 되는지 확인

더불어 계약서에는 각 당사자의 책임 범위를 명확히 정의해야 합니다. 특히 다음에 언급하는 세 가지 사항을 주의 깊게 고려해야 합니다.

책임 범위 설정

- 보증 및 면책 조항

  제품이나 서비스의 품질, 성능에 대한 보증과 면책 범위
- 손해배상 책임 제한

  계약 위반 시 손해배상 책임의 한도
- 불가항력 조항

  천재지변 등 당사자가 통제할 수 없는 사유로 인한 계약 불이행 시 책임 면제

보증 및 책임 조건에는 보증의 범위, 기간 및 제외 사항, 보증 청구에 대한 구제책 및 절차, 책임의 제한 및 제외, 면책 및 보험 의무, 분쟁 해결 및 중재 메커니즘이 명시되어야 합니다. 더불어 불가항력 조항은 계약 당사자 모두를 위한 조항으로 천재지변뿐만 아니라 파업·폭동 등 다양한 사회적 원인에 대한 사전 방지 차원이므로 꼭 명시해 두는 것이 좋습니다.

위약금 및 손해배상액 예정

계약서를 작성했다고 끝이 아닙니다. 생각보다 계약 불이행을 하는 사례가 많은데요. 이런 경우를 대비해 위약금이나 손해배상액을 미리 정해두는 것이 좋습니다.

'손해배상액의 예정'은 채무불이행의 경우에 채무자가 지급하여야 할 손해배상의 금액을 당사자들이 미리 약정해 두는 것입니다. 실제 손해가 더 크거나 적어도 해당 금액으로 손해배상액이 확정됩니다.

얼마 전 아이돌 가수의 계약 분쟁이 화제가 되며 '위약금'과 '위약벌'이 기사에 많이 언급되었는데요. 어떤 차이점이 있을까요? **'위약금'**이란 계약 위반에 따른 **배상금**을 의미합니다. **'위약벌'**이란 채무자가 계약을 이행하지 아니할 때 채권자가 손해배상과 별도로 몰수하기로 한 사인 간의 일종의 벌금입니다. 즉, '위약벌' 조항이 있다면 위약벌 외의 채무불이행에 의한 손해배상까지 청구할 수 있습니다.

또 다른 점은 '깎을 수 있냐? 없냐?'입니다. 법리적으로는 '위약금'은 손해배상액의 예정으로 추정되기 때문이죠. 실제 손해와 차이가 큰 경우 법원이 직권으로 감액할 수 있습니다. 그러나 '위약벌'인 경우에는 법원의 직권 감액이 원칙적으로는 안 됩니다.

조금 어려운 개념이니 사례를 보며 다시 확인해 보도록 하죠.

가상 사례: ㈜테크솔루션의 계약 분쟁

소프트웨어 개발 스타트업 ㈜테크솔루션은 대기업 A 사와 맞춤형 솔루션 개발 계약을 체결했습니다. 계약서에는 "납기일을 지키지 못할 때 계약 금액의 20%를 위약금으로 지급한다."라는 조항이 있었습니다. 개발 과정에서 A 사의 요구가 계속 변경되어 ㈜테크솔루션은 납기일을 맞추지 못했고, A 사는 계약금액 1억 원의 20%인 2천만 원의 **위약금**을 청구했습니다. 그러나 법원은 「약관의 규제에 관한 법률」 제8조(손해배상액의 예정)에 따라 위약금이 과도하다고 판단하고 1천만 원으로 감액했습니다. 이처럼 위약금 조항이 있더라도 법원이 그 금액이 과도하다고 판단하면 직권으로 감액할 수 있습니다.

계약 해지 요건

계약된 관계가 끝나는 건 계약 해지와 계약 취소 두 가지로 볼 수 있습니다. 계약의 효력을 소멸시킨다는 건 동일하지만, 계약 해지는 지금부터 미래에 계약의 효력이 없도록 만드는 반면, 계약 취소는 계약이 처음부터 없었던 것과 같은 상태로 만드는 것을 말합니다.

계약 관계를 종료할 수 있는 조건을 명시되었다면 계약을 해지할 수 있는데, 계약 해지는 다음과 같은 사유로 발생할 수 있습니다.

계약 해지의 주요 사유

❶ **계약 위반**: 상대방이 계약 조건을 위반한 경우

계약서상 상대방의 의무에 대해 명확히 기재한 경우, 일반적으로 며칠 안에 해당 의무를 이행하라고 할 수 있고 이행되지 않는 경우 시정조치를 요청할 수 있습니다.

기간 내에 이행하지 않는 경우 계약을 해지할 수 있고, 상대방의 의무 위반이 중대한 경우에는 바로 계약을 해지할 수도 있습니다.

❷ **상호 합의**: 양 당사자가 상호 동의를 통해 계약을 종료하기로 동의하는 경우

계약 조건에 따라 구두 또는 서면으로 이루어질 수 있습니다.

당사자들은 미결제 금액의 지불, 상품이나 서비스의 반환, 청구의 해제 등의 종료 조건에 동의할 수 있습니다.

❸ **이행불능**: 천재지변, 전쟁, 파업, 정부 규제 등 당사자가 통제할 수 없는 예상치 못한 사건으로 인해 계약을 이행할 수 없게 된 경우

이 경우 계약이 자동으로 종료되고 당사자의 의무가 면제됩니다.

그러나 당사자들은 손실 배분, 상품이나 서비스의 반환, 비용 지불 등 해지의 결과를 처리해야 할 수도 있습니다.

빠르게 관련 법을 살펴보겠습니다. 「방문판매 등에 관한 법률」 제31조에 따르면, 계속거래업자 등과 계속거래 등의 계약을 체결한 소비자는 계약 기간 중 언제든지 계약을 해지할 수 있습니다. 또한 같은 법 제32조에는, 계속거래업자 등은 자신의 책임이 없는 사유로 계속거래 등의 계약이 해지 또는 해제된 후 소비자에게 해지 또는 해제로 발생하는 손실을 현저하게 초과하는 위약금을 청구하여서는 안 된다고 명시하고 있습니다. 사례를 살펴보겠습니다.

가상 사례: ㈜피트니스앱 계약 해지 분쟁

헬스 코칭 앱을 운영하는 스타트업 ㈜피트니스앱은 사용자들에게 1년 구독 서비스를 제공했습니다. 이용약관에는 '중도 해지 시 남은 기간에 대한 환불 불가'라는 조항이 있었습니다. 한 사용자가 3개월 사용 후 개인 사정으로 해지를 요청했지만 환불을 거부당했습니다. 사용자가 소비자보호원에 신고했고, 조사 결과 해당 조항은 「약관의 규제에 관한 법률」 제9조(계약의 해제·해지) 제5호에 따라 '계약의 해제 또는 해지로 인한 사업자의 원상회복의무나 손해배상의무를 부당하게 경감하는 조항'으로 무효로 판단됐습니다. ㈜피트니스앱은 소비자원의 결정에 불복했으나 결국 법원의 판결로 일정액을 환불했습니다.

비밀 유지 의무와 계약 관리

계약관계에서 꼭 짚고 넘어가야 하는 중요한 점 중 하나로 비밀 정보의 보호를 꼽을 수 있습니다. 특히 스타트업은 혁신적인 기술이나 비즈니스 모델을 가지고 있을 수 있고, 이게 유출되면 비즈니스의 존재 자체가 위협받을 수 있습니다. 계약 시 이를 보호하기 위한 비밀 유지 조항이 담긴 비밀 유지계약을 활용하는 것이 좋습니다.

비밀 유지계약(NDA) 활용

　비밀 유지계약은 계약 당사자 간에 공유되는 비밀 정보를 보호하기 위한 법적 장치입니다. 비밀 정보의 범위와 사용 목적, 제3자에게 누설, 제공 등을 금지하고, 이를 위반했을 때 손해배상책임을 진다는 내용을 기재합니다. 경우에 따라 비밀 유지 약정서를 계약서에 별도로 첨부하기도 합니다. 비밀 유지계약을 할 때 어떤 내용을 포함해야 할지 확인해 보겠습니다.

비밀 유지계약의 주요 내용

- 비밀 정보의 정의 및 범위
- 비밀 정보의 사용 목적 제한
- 비밀 유지 의무 기간
- 위반 시 손해배상 책임
- 비밀 정보의 반환 또는 파기 의무

　특히 비즈니스 파트너와 협업이 잦은 경우엔 비밀 유지계약은 필수로 여겨지고 있습니다. 사례를 통해 확인해 보겠습니다.

> **가상 사례: ㈜바이오테크의 비밀 유지계약 활용**
> 신약 개발 스타트업 ㈜바이오테크는 대형 제약회사와 협업을 논의하는 과정에서, 자사의 핵심 기술 정보를 공유해야 했습니다. 이에 먼저 상세한 비밀 유지계약을 체결하고, 단계적으로 정보를 공개했습니다. 이후 협업이 무산되었지만, 비밀 유지계약 덕분에 핵심 기술 정보가 유출되는 것을 방지할 수 있었고, 다른 파트너와의 협업을 통해 성공적으로 제품을 출시할 수 있었습니다.

　지금까지 스타트업이 계약 및 고객 보호와 관련된 법적 리스크를 관리하는 데 있어 중요 포인트를 짚어 봤습니다. 체크포인트로 정리해 보겠습니다.

계약 관리 체크포인트

이용약관 관련 체크포인트
☑ 이용약관에 필수 기재 사항이 모두 포함되어 있는가?
☐ 약관의 규제에 관한 법률을 준수하는가?
☐ 이용자에게 약관을 명시하고 동의를 받는 절차가 마련되어 있는가?
☐ 정기적으로 약관을 검토하고 업데이트하는 프로세스가 있는가?
☐ 플랫폼 비즈니스의 경우, 통신판매중개자 지위를 명확히 표시했는가?

개인정보 보호 관련 체크포인트
☑ 개인정보 수집 및 이용에 대한 동의 절차가 적절히 마련되어 있는가?
☐ 민감정보, 고유식별정보 등에 대한 별도 동의 절차가 있는가?
☐ 개인정보 처리방침이 작성되어 공개되어 있는가?
☐ 개인정보 보호책임자가 지정되어 있는가?
☐ 개인정보의 안전한 관리를 위한 기술적, 관리적 조치가 취해져 있는가?

B2B/B2C 계약 관련 체크포인트
☑ 계약 기간과 갱신 조건이 명시되어 있는가?
☐ 계약 해지 요건과 절차가 구체적으로 명시됐나?
☐ 위약금 또는 손해배상액 예정 조항이 적절히 설정되어 있는가?
☐ 책임 제한 및 면책 조항이 공정하게 설정됐나?
☐ 분쟁 해결 방법(중재, 소송 등)이 명시되어 있는가?
☐ 비밀 유지 의무가 명확히 규정되어 있는가?
☐ 권리 및 의무의 양도 제한 조항이 포함되어 있는가?

계약관계에서의 해지 조항

계약관계에서 해지 조항은 특히 중요합니다. 해지 조항을 잘 설정해 두면 법적 리스크를 줄일 수 있고 문제가 생겼을 경우 빠른 대응이 가능하기 때문이죠.

해지 조항에는 위반, 불이행, 지급 불능, 통제권 변경 등 계약 종료를 유발할 수 있는 사유나 사건을 명확하게 명시해야 합니다. 해지 조항이 명확하지 않거나 공정하지 않거나 집행할 수 없는 경우라면 당사자 간에 법적 분쟁이 발생할 수 있습니다. 여러 사례를 통해 분쟁으로 촉발되는 문제가 무엇인지 한 번 더 짚어 보겠습니다.

가상 사례: ㈜모바일게임의 해지 조항 분쟁

모바일 게임 개발 스타트업 ㈜모바일게임은 퍼블리셔와 계약을 체결했는데, 그 과정에서 해지 조항에 "퍼블리셔는 언제든지 사전 통지 없이 계약을 해지할 수 있다."라는 내용을 포함했습니다. 게임 출시 직전, 퍼블리셔는 갑자기 계약을 해지했고, 스타트업은 막대한 손실을 입었습니다. 법원은 이 해지 조항이 「약관의 규제에 관한 법률」에 따라 불공정하다고 판단하고, '퍼블리셔'는 ㈜모바일게임에 일방적인 해지로 인한 손해배상금을 지급하라는 판결을 하였습니다. 이 사례는 해지 조항을 명확하고 공정하게 설정하는 것의 중요성을 보여 줍니다.

4 가맹계약 관련 특별 고려 사항

창업할 때 많은 이들이 선택하는 옵션인, 프랜차이즈도 법적으로 고려할 사항이 많습니다. 많은 분이 스타트업을 시작하면서 프랜차이즈 형태로 사업 확장을 염두에 두는데요. 이 경우, 가맹계약에 관한 특별한 법적 고려 사항을 염두에 두고 사업 확장을 해야 합니다. 「가맹사업거래의 공정화에 관한 법률」에 따르면, 가맹본부는 가맹계약 체결 14일 전에 정보공개서와 가맹계약서 등을 제공해야 합니다.

가맹계약을 위한 법적 고려 사항을 등한시하면 어떤 법적 리스크가 발생할 수 있는지 관련 사례를 통해 살펴보겠습니다.

가상 사례: ㈜커피체인의 가맹계약 분쟁

커피 프랜차이즈 스타트업 ㈜커피체인은 가맹점주 윤 씨와 계약을 체결했으나, 가맹계약 체결 14일 전에 정보공개서와 가맹계약서를 제공하지 않았습니다. 영업 시작 전 가맹본부와 신뢰 관계가 무너져 윤 씨가 계약 해지를 요청했으나, 가맹본부는 윤 씨가 납부한 가맹금을 위약금으로 처리하겠다고 맞섰습니다. 윤 씨는 가맹본부가 법정 의무를 위반했다며 분쟁조정을 신청했고, 결국 가맹금을 전액 반환받을 수 있었습니다.

프랜차이즈분만 아니라 스타트업이 성장하면서 계약관계는 더 다양해지고 계약 내용은 복잡해지게 됩니다. 이에 법적 리스크도 증가하죠. 이용약관, 개인정보 보호, B2B/B2C 계약 등에 관한 법적 요구 사항을 이해하고 준수하는 것은 스타트업의 확장을 위한 필수 요소입니다.

특히 초기 단계에서 법적 기반을 탄탄히 다져 놓으면 향후 발생할 수 있는 분쟁과 법적 리스크를 크게 줄일 수 있습니다. 회사 내에서 계약 관련 사항을 정리했더라도 필요한 경우 법률 전문가의 도움을 받아 이용약관, 개인정보 처리 방침, 계약서 등은 검토하고 보완하는 것이 좋습니다.

어떤 사업이든 법적 요구 사항을 준수하면서 목표 달성을 위해 나아가는 게 중요하다는 것, 명심하시기를 바랍니다.

빚 없이 사회생활을 하는 것만으로도 행운이라는 요즘.

스타트업에선 내 돈, 자본금만으로 성장하는 것이 극히 드문 일입니다.

특히 사업의 확장을 위해서는 투자 유치는 필수 불가한 전략인데요.

투자가 마냥 좋기만 한 것은 아닙니다.

사업을 확장할 수 있는 기회이기도 하지만

애써 성장시킨 회사를 위기로 몰아넣을 수도 있기 때문입니다.

03

투자 유치와 계약

3.1. 스타트업의 성장을 위한
금융 전략, 투자 계약이란?

스타트업의 성장에 있어 투자 유치는 필수적인 과정입니다. 좋은 아이디어와 열정만으로는 사업을 확장하기 어렵기 때문입니다. 또 사업 확장의 타이밍을 놓치면 다음 단계로의 Exit 전략은 무용지물이 되기 때문이죠. 따라서 어느 시점이 되면 외부 자금을 조달하여 성장 동력을 확보해야 합니다.

투자 계약은 단순히 자금을 받는 것 이상의 의미를 가지며, 회사의 미래 방향성과 창업자의 권리에도 큰 영향을 미친다고 볼 수 있습니다. 세 번째 장에서는 스타트업 투자 계약의 기본 개념과 주요 형태, 그리고 계약 체결 시 유의해야 할 점을 알아보겠습니다.

1 투자 계약의 의미와 중요성

먼저 투자 계약은 투자자와 스타트업 간에 체결되는 법적 합의로, 투자 금액과 지분율, 투자자의 권리와 의무. 그리고 창업자의 의무 등을 규정합니다. 이 때문에 투자 계약은 단순한 자금 조달 수단을 넘어 회사의 지배 구조와 의사 결정 방식에도 영향을 미치는 중요한 문서라고 볼 수 있습니다.

투자 계약서는 일반적으로 다음과 같은 구조로 이루어집니다.

- **당사자**: 투자자, 회사, 이해 관계인(주요 주주 등)
- **투자 형태와 금액**: 투자 방식, 총투자액, 주식 종류 및 수량
- **진술 및 보증**: 회사와 이해 관계인의 현황에 대한 사실 확인
- **확약 사항**: 계약 당사자가 지켜야 할 특별 의무
- **주식 거래 제한**: 주요 주주의 주식 처분 제한 조항
- **투자자의 감독권**: 투자자의 동의 또는 협의 사항, 보고 의무
- **계약 위반 및 종료**: 계약 위반 시 책임과 해지 조건
- **기타 조항**: 준거법, 관할 법원, 비용 부담 등

2 주요 투자 형태와 특징

스타트업 투자는 다양한 형태로 이루어집니다만, 크게 보면 재무상태표의 자본계정에 변화를 주는 것, 재무상태표의 부채계정에 변화를 주는 것으로 나눌 수 있습니다. 각각의 특성과 장단점이 있는데요. 대표적인 투자 형태를 살펴보겠습니다.

지분 투자(Equity Investment)

지분 투자는 투자자가 직접 회사의 주식을 취득하는 가장 기본적인 투자 방식입니다. 쉽게 설명하면 투자를 받고 회사의 지분을 나누는 것이죠. 이때 나누는 지분은 보통주 또는 우선주 형태로 이루어지며, 투자자는 회사의 소유권 일부를 확보하게 됩니다.

회사의 가치를 평가한 후 지분율을 계산해서 투자 금액이 결정된다고 보면 됩니다. 투자금을 결정하는 메커니즘은 다음과 같습니다.

- **가치 평가(Valuation)**

  투자를 받기 전 기업가치(Pre-money Valuation)를 산정한 후, 투자금을 더한 투자 후 기업가치(Post-money Valuation)를 기준으로 지분율을 결정합니다.

- **지분율 계산**

  투자 금액 ÷ (투자 전 기업가치 + 투자 금액) × 100

메커니즘을 실제 사례에 대입해서 투자금을 산출해 보겠습니다.

가상 사례: ㈜AI메딕로봇의 시리즈 A 투자

의료용 AI 로봇을 개발하는 ㈜AI메딕로봇은 시리즈 A 투자에서 투자 전 기업가치 150억 원으로 평가받았습니다. '헬스케어VC'가 30억 원을 투자하기로 했고, 이에 따른 지분율은 다음과 같이 계산되었습니다.

지분율 = 30억 원 ÷ (150억 원 + 30억 원) × 100 = 16.67%

'헬스케어VC'는 16.67%의 지분을 확보했으며, 이사회 참관권과 주요 의사 결정에 대한 동의권을 얻었습니다. ㈜AI메딕로봇은 이 자금으로 임상 시험을 완료, 제품 출시를 앞당길 수 있었습니다.

지분 투자는 빠르게 투자금을 유치해 기업 성장의 발판을 마련할 수 있다는 장점이 있지만, 지분을 잘못 분배하면 창업자의 경영권이 위협받을 수 있다는 단점도 있습니다. 투자 유치 과정에서 신중함이 필요하겠죠.

전환사채(CB, Convertible Bond)

두 번째로 살펴볼 투자 형태는 전환사채 발행입니다. 전환사채인 CB는 만기 시 주식으로 전환할 수 있는 권리가 부여된 채권입니다. 말 그대로 채권, 회사채입니다. 물론 사채로 발행되었으나 일정한 기간이 지나면 사채권자의 청구가 있을 때, 미리 결정된 조건대로 발행회사의 주식으로 전환할 수 있는 특약을 지닌 사채입니다.

잠재적인 주식의 성격을 띠고 있어서 회사의 자금 조달을 쉽게 하며, 투자자에게는 수익성과 기업에의 참가 가능성이라는 두 가지 이점을 부여함으로써 투자를 유도할 수 있습니다. 초기 스타트업의 기업가치를 정확히 평가하기 어려울 때 유용한 투자 방식이죠. 그렇다면 전환사채 발행은 어떤 메커니즘으로 이뤄지는 걸까요?

핵심 메커니즘

- **전환가격**: 액면가 ÷ 전환비율로 계산
- **이자**: 일반적으로 연 3~5%의 이자가 발생
- **전환 조건**: 일정 기간 후 또는 후속 투자 유치 시 주식으로 전환
- **법적 근거**: 「상법」 제513조에 따르면, "회사는 주주총회의 결의로 주주에게 전환사채를 발행할 수 있다."라고 규정하고 있습니다.

자금 조달에 유리한 전환사채 발행도 위험성을 갖고 있습니다. 전환사채 발행이 어떤 단점이 있는지 실제 사례를 통해 확인해 보겠습니다.

가상 사례: ㈜푸드테크의 전환사채 발행

식품 배달 플랫폼을 운영하는 ㈜푸드테크는 초기 단계에서 기업가치를 정확히 산정할 수 없어 전환사채로 50억 원을 유치했습니다. 계약 조건은 3년 만기, 연 5% 이자, 시리즈 A 투자 유치 시 20% 할인된 가격으로 주식 전환이었습니다. 그러나 예상보다 ㈜푸드테크의 매출과 성장이 부진해 시리즈 A 투자 유치에 실패함에 따라, 만기 시 투자자들은 원금과 이자 상환을 원했습니다. ㈜푸드테크

는 갑작스러운 자금 부담으로 재무적 어려움을 겪게 되었습니다. 이 사례는 전환사채의 상환 부담이 스타트업에게 큰 리스크가 될 수 있음을 보여 줍니다.

상환전환우선주(RCPS, Redeemable Convertible Preferred Shares)

또 다른 투자 형태인 상환전환우선주에 대해서 알아보겠습니다. 일단 용어가 길고 어렵습니다. 상환/전환/우선주로 나눠 보면 이해가 됩니다. **상환**권, **전환**권, **우선**권을 모두 갖춘 주식이 상환전환우선주인 것이죠. 다시 말해, 투자자가 상황에 따라 상환을 요구할 수 있는 권리와 전환을 요구할 수 있는 권리가 부여된 우선주를 의미합니다. 투자자에게 다양한 보호 장치를 제공하죠. 투자자는 미래에 발행회사의 주가가 낮을 경우, 투자금에 일정한 이자를 붙여 상환을 요청할 수 있으며, 주가가 높으면 보통주로 전환함으로써 투자 수익을 창출할 수 있습니다. 대표적인 특징은 다음과 같습니다.

핵심 특징

- 상환권: 일정 기간 후 투자금 상환을 요청할 수 있는 권리
- 전환권: 우선주를 보통주로 전환할 수 있는 권리
- 우선권: 배당이나 청산 시 보통주보다 우선하여 권리를 행사

상환전환우선주(RCPS)는 「상법」 제344조(종류주식), 제345조(상환주식), 제346조(전환주식) 및 관련 조항에 근거하여 발행할 수 있습니다. 반드시 정관에 관련 내용을 명확하게 규정해야 합니다. 다소 어려운 개념이니 사례를 하나 짚고 넘어가겠습니다.

가상 사례: ㈜블락토AI의 RCPS 투자 유치

블록체인 기반 AI 플랫폼 스타트업 ㈜블락토AI는 기업가치 800억 원으로 평가받아 '하이바이VC'로부터 30억 원의 RCPS 투자를 유치했습니다. 계약 조건에는 5년 후 상환 요청 가능, 우선 청산권, 그리고 주요 경영 의사 결정에 대한 동의권이 포함되었습니다. ㈜블락토AI는 이 자금으로 세계 시장 진출에 성공했고, 2년 후 시리즈 B 투자 유치 시 '하이바이VC'는 RCPS를 보통주로 전환하여 투자 수익을 극대화할 수 있었습니다.

상환전환우선주(RCPS)는 투자자 측면에서 보면 보통주보다 높은 배당을 받을 수 있다는 장점을 가졌지만, 기업이 이익을 내는 것이 전제되어야 하므로 기업이 파산하면 투자금을 돌려받기 어려울 수 있다는 단점도 있습니다.

조건부지분인수계약(SAFE, Simple Agreement for Future Equity)

긴 용어가 또 한 번 등장합니다. 이것도 쪼개서 살펴보겠습니다. 조건부/지분/인수계약은 특정 조건이 충족될 때 지분 인수가 이루어지는 계약이라는 뜻입니다. 조건부지분인수계약(SAFE)은 실리콘 밸리의 유명한 액셀러레이터인 Y Combinator가 개발한 투자 도구로, 초기 스타트업에 가치 평가 없이 신속하게 투자하되, 이후 후속 추가를 할 때 가치평가를 해서 지분을 정하는 투자 방식입니다. 즉, 초기 마중물은 신속하게 대지만 이후엔 성장 가능성을 타진해 투자를 결정하는 방식입니다. 우리나라에는 2020년에 「벤처투자법」을 통해 도입된 투자 형태입니다.

조건부지분인수계약(SAFE)을 통해 투자금을 확보하는 건 두 가지 주요 조건에 들어맞아야 합니다. 첫째는 가치평가 상한으로, 조건부지분인수계약(SAFE)으로 인정되는 기업가치의 상한선을 의미합니다. 둘째는 할인율로, 후속 투자의 기업가치에서 미리 설정된 할인율을 적용하는 조건입니다. 메커니즘의 정리와 가상 사례를 통해 자세히 살펴보겠습니다.

핵심 메커니즘

- Valuation Cap: 전환 시 적용될 기업가치 상한선
- Discount Rate: 후속 투자 시 적용될 할인율
- 전환 조건: 정규 지분 투자 라운드 발생 시 자동 전환

가상 사례: ㈜유니콘의 SAFE 투자

AI 기반 번역 서비스를 제공하는 ㈜유니콘은 초기 단계에서 SAFE로 1억 원을 투자받았습니다. 계약 조건은 **Valuation Cap** 100억 원, **Discount Rate** 20% 였습니다. 1년 후 시리즈 A 투자에서 기업가치 130억 원으로 평가받았을 때, SAFE 투자자의 지분은 다음과 같이 계산되었습니다.

Valuation Cap이 적용되어 100억 원 기준으로 계산:

지분율 = 1억 원 ÷ 100억 원 = 1%

이 사례를 통해 알 수 있듯이 조건부지분인수계약(SAFE)은 초기 투자자에게 유리한 조건을 제공하면서도, 스타트업에겐 복잡한 가치평가 과정 없이 빠르게 자금을 조달할 기회를 제공합니다. 하지만 복잡한 서류 없이 상대방에 대한 신뢰와 믿음에 기반한다는 점을 기억해야 합니다.

지금까지 주요 투자 형태에 대해 알아봤습니다. 투자 형태가 정해졌다면 계약을 진행하고 자금을 유치하면 되는데요. 계약 시 놓치면 안 되는 포인트는 무엇인지 주요 사항과 체크포인트 리스트를 토대로 정리해 보겠습니다.

계약 당사자 확인

	계약 당사자 확인 체크포인트
☑	투자자의 정확한 법적 명칭과 주소가 명시되어 있는가?
☐	회사(피투자기업)의 정보가 정확한가?
☐	이해관계인(창업자, 대표)이 당사자로 포함되어 있는가?
☐	이해관계인에게 적용되는 권리와 의무가 명확한가?

투자계약서에는 투자자와 스타트업 회사 외에 회사의 주요 주주가 '이해관계인'으로 당사자가 될 수 있습니다. 이해관계인으로 포함될 경우, 주식 처분의 제한 등 특별한 의무를 부담하게 되므로 주의가 필요합니다. 특히 이해관계인에게 연대보증과 같은 과도한 의무를 부과하는 조항은 매우 불리한 조건이니 삭제를 요청하는 것이 좋습니다.

투자 조건 및 지분 구조

	투자 조건 및 지분 구조 체크포인트
☑	투자 금액과 주식 종류(보통주/우선주/전환사채 등)가 명확한가?
☐	기업가치 평가 방식과 지분율 계산이 투명한가?
☐	투자금 납부 일정과 방법이 구체적으로 명시되어 있는가?
☐	주식 발행 절차와 일정이 명확한가?

투자 계약에서 가장 기본적이면서도 중요한 부분은 투자 금액과 그에 따른 지분 구조입니다. 얼마의 투자 금액을 받고 몇 %의 지분을 나눠 줄 것인지를 투명하게 책정하고 정확하게 명시해야 합니다.

투자 전 기업가치(Pre-money Valuation)와 투자 후 기업가치(Post-money Valuation)

를 명확히 이해하고, 이에 따른 지분율 계산이 정확한지 확인해야 합니다. 이 과정에서 절차와 평가의 투명성도 확보되어야 합니다.

진술과 보증

진술과 보증 체크포인트
☑ 진술과 보증의 범위가 합리적인가?
☐ 회사와 이해관계인이 알고 있는 범위 내에서만 책임을 지도록 제한되어 있는가?
☐ 진술과 보증 위반 시 책임의 범위와 한도가 명확한가?
☐ 진술과 보증의 유효 기간이 설정되어 있는가?

　진술과 보증은 회사와 이해 관계인이 투자자에게 회사의 현황에 대한 사실임을 확인하는 조항입니다. 이 조항이 너무 광범위하면 나중에 문제가 발생할 수 있으므로, 합리적인 범위로 제한하고 '회사와 이해 관계인이 아는 한에서'라는 문구를 추가하는 게 좋습니다.

경영 참여 및 동의권

경영 참여 및 동의권 체크포인트
☑ 투자자의 이사 선임권이 지분율에 비례하는가?
☐ 투자자의 동의가 필요한 사항이 합리적인 범위인가?
☐ 동의권 행사 절차와 기간이 명확한가?
☐ 투자자의 지분율이 감소할 경우 동의권도 축소되는 조항이 있는가?

　투자자는 일반적으로 이사 선임권과 주요 경영 사항에 대한 동의권을 요구합니다. 이러한 권리가 회사의 신속한 의사 결정을 방해하지 않도록 합리적인 범위

로 제한하는 것이 중요합니다. 특히 투자자의 지분율이 일정 수준 이하일 경우엔 이러한 권리도 축소되도록 하는 조항을 포함하는 것이 좋습니다.

주식 거래 제한 조항

주식 거래 제한 조항 체크포인트
☑ 우선매수권(Right of First Refusal)의 적용 범위와 조건이 명확한가?
☐ 공동매도권(Tag-along Rights)과 강제매도권(Drag-along Rights)의 차이를 이해했는가?
☐ 이해 관계인의 주식 처분 제한 기간이 합리적인가?
☐ 임직원에 대한 주식 매각은 제한 조항에서 예외로 되어 있는가?

주식 거래 제한 조항은 투자자와 창업자 모두에게 중요합니다.

특히 우선매수권(ROFR)과 공동매도권(Tag-along)은 주주 보호를 위한 일반적인 조항이지만, 강제매도권(Drag-along)은 창업자에게 불리할 수 있으므로 신중하게 검토해야 합니다. 이와 관련해서 참고할 판례가 있어 소개합니다.

대법원 판례에 따르면, 주주 간 계약에 따른 주식 양도 제한은 계약 당사자 사이에서만 효력이 있으며, 이를 위반하여 제3자에게 주식을 양도한 경우도 그 양도 자체는 유효합니다. 다만, 계약 위반에 따른 손해배상 책임은 발생할 수 있습니다.

투자금 사용 용도

투자금 사용 용도 체크포인트
☑ 투자금 사용 용도가 너무 제한적이지 않은가?
☐ 용도 변경 시 절차가 합리적인가?
☐ 투자금 사용 보고 의무의 범위와 주기가 적절한가?

투자금 사용 용도를 너무 구체적으로 제한하면 회사의 유연한 운영이 어려울 수 있습니다. 따라서 포괄적인 범주로 설정하고, 필요시 투자자와 협의하여 변경할 수 있다는 걸 명시하는 것이 좋습니다. 그리고 투자금의 사용 용도를 지나치게 모호하게 명시하면 투자자와의 분쟁 요소가 될 수 있습니다. 투자금 반환 소송의 쟁점이 될 수 있으니 신중한 설정이 필요합니다.

계약 위반 및 해지 조항

계약 위반 및 해지 조항 체크포인트
☑ 계약 위반의 정의와 범위가 명확한가?
☐ 시정 기회(Cure Period)가 주어지는가?
☐ 손해배상 책임의 한도가 설정되어 있는가?
☐ 불가항력적 상황에 관한 예외 조항이 있는가?

계약 위반 시 즉시 계약을 해지하는 것보다는 시정할 기회를 주는 조항이 포함되어 있어야 합니다. 또한 손해배상 책임의 한도를 투자 금액 또는 일정 비율로 제한하는 것이 좋습니다.

3 투자 계약 협상 전략

투자 계약의 개념과 형태 그리고 계약 체결 시 염두에 둬야 할 사항까지 살펴봤습니다. 이후 스텝은 투자 계약을 위한 협상입니다. 투자 계약 협상은 투자자와 기업이 투자 조건을 조율하는 과정인데요. 물론 이 과정에도 전략이 필요합니다. 투사 계약을 협상할 때 창업사가 취할 수 있는 전략적 접근법을 살펴보겠습니다.

사전 준비의 중요성

투자 협상에 들어가기 전에 회사의 가치와 성장 잠재력을 객관적으로 평가하고, 유사한 스타트업의 투자 사례를 연구하는 것이 좋습니다. 그리고 이후 회사의 재무 상태, 지식재산권, 주요 계약 등을 정리하여 투자자의 실사(Due Diligence)에 대비해야 합니다.

복수의 투자자와 동시 협상

가능하다면 여러 투자자와 동시에 협상을 진행하세요. 이는 협상력을 높이고 더 좋은 조건을 얻을 기회를 제공합니다.

법률 전문가의 도움

투자 계약은 복잡한 법률 문서이므로, 반드시 스타트업 투자에 경험이 있는 법률 전문가의 도움을 받아야 합니다. 특히 독소조항을 발견하고 수정하는 데 전문가의 조언이 필수적입니다.

단계적 접근법

모든 조항을 한 번에 협상하려 하지 말고, 중요도에 따라 단계적으로 접근하세요. 먼저 투자 금액과 기업가치 같은 핵심 조건에 합의한 후, 세부 조항을 논의하는 것이 효과적입니다.

사례를 통해서 투자 계약 협상 전략을 어떻게 짜는 것이 효과적일지 알아봅시다.

가상 사례: ㈜테크스타트의 투자 계약 협상

AI 기반 교육 플랫폼 ㈜테크스타트는 시리즈 A 투자 유치를 위해 여러 VC와 협상을 진행했습니다. 초기에 받은 텀시트(Term Sheet)에는 다음과 같은 조항들이 포함되어 있었습니다.

1. 투자 금액: 20억 원, 기업가치 100억 원(투자 후 기준)
2. 주식 종류: 상환전환우선주(RCPS)
3. 이사회 구성: 투자자 지명 이사 1명 포함, 총 3명
4. 동의권: 30개 항목에 대한 투자자 사전동의 필요
5. 주식 처분 제한: 창업자 주식 5년간 매각 금지
6. Full Ratchet 방식의 희석 방지 조항

㈜테크스타트의 창업자는 법률 전문가의 조언을 받아 다음과 같이 협상했습니다.

1. 투자 금액과 기업가치는 **수용**
2. **상환전환우선주** 조건 중 상환권 행사 기간을 5년에서 7년으로 연장
3. **동의권 항목**을 30개에서 15개로 축소하고, 투자자 지분이 10% 이하로 떨어지면 동의권 소멸 조항 추가
4. **주식 처분 제한 기간**을 5년에서 **3년으로 축소**하고, 일부 예외 조항 추가
5. Full Ratchet 방식 대신 **Weighted Average** 방식으로 변경

이러한 협상 결과, ㈜테크스타트는 필요한 자금을 조달하면서도 창업자의 권리를 적절히 보호할 수 있었습니다. 투자 후 회사는 빠르게 성장하여 2년 후 시리즈 B 투자 유치에 성공했고, 초기 투자자와 창업자 모두 만족할 수 있는 결과를 얻었습니다.

스타트업의 성장 과정에서 투자 유치는 가장 중요한 부분으로 꼽힙니다. 이를 위해서 많은 기업들이 기업설명회를 하며 투자를 유치하죠. 스타트업의 경영자들은 투자를 유치할 때 투자자와 계약서를 작성하며 사업을 구체화하고 성장할 '장밋빛 미래'를 꿈꾸지만, 현실은 냉정합니다.

투자금의 상환이율, 배당이율, 위약벌 등에서 스타트업에 불리한 조항이 많음에도 투자를 받아야 한다는 절박함에 제시한 투자계약서를 그대로 사인하는 경우가 많습니다. 이 때문에 투자자가 제기한 소송으로 힘든 시간을 보낼 수 있습니다.

투자 계약은 단순한 자금 조달 수단을 넘어 스타트업의 미래를 좌우하는 중요한 결정입니다. 다양한 투자 형태의 특성과 장단점을 이해하고, 계약 체결 시 주요 체크포인트를 꼼꼼히 확인하는 것이 중요합니다. 특히 창업자의 경영권과 의사 결정 권한을 보호하면서도 투자자에게 적절한 권리를 부여하는 균형 잡힌 계약을 해야 합니다. 아울러 법정 다툼을 불러올 수 있는 독소조항 등을 걸러 낼 수 있는 전문가의 도움은 선택이 아닌 필수 조건이라는 걸 기억하십시오.

투자 계약 협상은 어렵고 복잡할 수 있지만, 충분한 사전 준비와 전문가의 도움을 받으면 스타트업에게 유리한 조건을 끌어낼 수 있습니다. 앞서 다룬 내용이 여러분의 성공적인 투자 유치에 도움이 되기를 바랍니다.

3.2. 모두를 위한 필수 체크리스트, 투자 계약의 핵심 조항

스타트업이 투자 유치를 진행할 때, 투자 계약은 단순히 자금을 조달하는 문서가 아니라 회사의 미래를 좌우할 중요한 약속입니다. 계약서에 포함된 조항들은 투자자와 창업자 모두의 권리와 의무를 명확히 규정하고 있는 가이드북이며 이후 발생할 수 있는 갈등을 예방하는 안전장치이기도 합니다.

　이 장에서는 투자 계약에서 반드시 확인해야 할 핵심 조항들을 상세히 살펴보고, 각 조항이 갖는 의미와 주의점을 살펴보겠습니다.

1 진술과 보장(Representations and Warranties)

　진술과 보장 조항은 회사와 이해관계인(주로 창업자)이 투자자에게 회사의 현황이 사실임을 확인하는 부분입니다. 이는 투자자가 투자 결정을 내리는 데 중요한 근거가 됩니다. 재무적인 부분은 물론이고 회사의 비전과 추진되고 있는 계약 등이 여기에 포함됩니다.

주요 내용

- 회사의 적법한 설립 및 존속
- 재무제표의 정확성

- 소송 및 분쟁 부재
- 지식재산권의 소유 및 유효성
- 중요 계약의 유효성
- 세금 납부 상황

진술과 보장의 체크포인트
☑ 진술과 보장의 범위가 합리적인가?
☐ '회사와 이해관계인이 아는 한에서'라는 문구가 포함되어 있는가?
☐ 진술과 보장 위반 시 책임의 범위와 한도가 명확한가?
☐ 진술과 보장의 유효 기간이 설정되어 있는가?
☐ 제3자의 상표권 침해 여부를 정기적으로 모니터링하고 있는가?

이 같은 체크포인트는 간단한 것 같지만, 창업자들이 간과하기 쉬운 내용입니다. 진술과 보장의 주요 내용을 간과하면 법적인 문제를 초래할 수 있는데요. 과거 대법원은 "진술 및 보증 위반 시 손해배상 책임이 발생할 수 있으며, 그 범위는 계약에서 정한 바에 따라 결정된다."라고 판시한 바 있습니다. 사례도 함께 살펴보죠.

가상 사례: ㈜마케팅 AI의 분쟁 사례

AI 기반 마케팅 솔루션을 개발한 ㈜마케팅 AI는 시리즈 A 투자를 유치하는 과정에서 "모든 지식재산권을 적법하게 보유하고 있다."라고 진술했습니다. 그러나 투자 이후 핵심 알고리즘의 일부가 이전 직장에서 개발된 것으로 밝혀져 분쟁이 발생했습니다. 투자자는 진술 및 보장 위반을 근거로 손해배상을 청구했고, ㈜마케팅 AI는 막대한 배상금과 평판 하락으로 타격을 입었습니다.

사례에서 본 것처럼 진술과 보장 조항이 단순한 형식이 아니라 실질적인 법적 책임을 수반한다는 점을 기억하십시오.

2 지분 희석 방지 조항(Anti-Dilution Clause)

용어가 다소 어렵게 느껴지지만 지분 희석 방지 조항은 추가적인 투자 유치나 주식 발행으로 인해 기존 투자자의 지분율이 줄어드는 것을 방지하기 위한 장치를 의미합니다. 특히 신주 발행, 전환사채 발행 등으로 인해 기존 주주의 지분율이 낮아지는 걸 막거나 최소화하기 위해 계약서에 포함되는 조건을 의미한다고 보면 됩니다. 이는 초기 투자자들에게 중요한 보호 장치입니다. 이를 적용하는 방식은 크게 두 가지입니다.

Full Ratchet 방식

정의

회사가 후속 투자 라운드에서 기존보다 더 낮은 가격으로 신주를 발행할 경우, 기존 투자자의 전환가격을 신주 발행가로 완전히 맞추는 방식입니다. 즉, 기존 투자자가 투자한 가격이 얼마였든, 새로 발행된 주식의 가격이 더 낮으면 기존 투자자의 전환가격이 그 낮은 가격으로 조정됩니다.

예시

A 투자자가 1주당 1만 원에 1,000주를 보유하고 있는데, 회사가 1주당 5천 원에 새로운 주식을 발행했다면, A 투자자의 전환가격도 5천 원으로 조정됩니

다. 이에 따라 A 투자자는 기존 투자금(1천만 원)으로 5천 원 기준으로 총 2,000주를 받을 수 있게 되어, 추가로 1,000주를 더 받게 됩니다.

장점

주가 하락에 따른 투자 손실을 최소화하고, 투자자의 지분 가치를 확실하게 방어할 수 있습니다. 또한 투자자에게 유리한 조건이므로 투자 유치에 유리할 수 있습니다.

단점

새로운 투자자가 낮은 가격에 들어올 때마다 창업자와 직원 등 기존 주주의 지분이 크게 줄어들 수 있습니다. 그리고 지나친 투자자 보호로 인해 새로운 투자자들이 참여를 꺼릴 수 있습니다.

정리

풀 래칫 방식은 투자자 보호에는 매우 효과적이지만, 창업자와 기존 주주에게는 상당한 희석 위험을 초래하므로, 도입 시 회사의 장기적 자본 구조와 성장 전략을 신중히 고려해야 합니다.

Weighted Average 방식

정의

회사가 후속 투자에서 기존보다 낮은 가격으로 신주를 발행할 때 기존 투자자의 전환가격을 일정 공식에 따라 조정하는 방식입니다. 이 방식은 새로 발행되는 주식 수와 가격, 그리고 기존 주식 수를 모두 반영해 전환가격을 재계산합니다.

아래와 같은 가중평균 공식에 따라 A 투자자의 전환가격이 조정됩니다.

> 조정된 전환가격 = 기존 전환가격 × {(기존 발행주식 수 + 기존 투자자가 투자
> 한 금액으로 살 수 있는 주식 수)
> ÷ (기존 발행주식 수+새로 발행된 주식 수)}

이 방식에서는 기존 투자자의 전환가격이 신주 발행가로 완전히 떨어지는 것이 아니라, 기존과 신규 발행주식의 비율에 따라 조정됩니다. 즉, 희석 효과가 일부만 반영됩니다.

장점

투자자는 일정 수준의 희석 방지 효과를 누리면서, 회사와 창업자에게 과도한 지분 희석 부담을 주지 않습니다. 상대적으로 추가 투자 유치나 경영 안정에 유리합니다.

단점

풀 래칫 방식에 비해 투자자 입장에선 희석 방지 효과가 다소 약할 수 있습니다. 그리고 공식이 단순하지 않아 계산이 복잡할 수 있습니다.

정리

가중평균 방식은 투자자와 회사 모두의 이해관계를 균형 있게 반영하는 희석 방지 방식으로, 미국 등에서 널리 사용됩니다. 풀 래칫 방식보다 덜 강력하지만, 회사의 성장과 추가 투자 유치 측면에서 더 합리적이라는 평가를 받습니다.

체크리스트를 보며 다시 한번 복습해 보시죠.

지분 희석 방지 조항의 체크포인트
☑ 지분 희석 방지 조항의 방식이 무엇인지 확인했는가?(Full Ratchet vs. Weighted Average)
☐ 지분 희석 방지 조항이 적용되는 상황, 조건이 명확한가?
☐ 창업자의 지분이 과도하게 희석될 가능성은 없는가?
☐ 스톡옵션 발행 시 지분 희석 방지 조항의 적용 여부가 명확한가?

투자 계약 당시 지분 희석 방지 조항의 방식은 신중하게 선택해야 한다고 이야기합니다. 그 이유는 사례를 보면 알 수 있습니다.

가상 사례: ㈜페이테크의 투자 계약

핀테크 스타트업 ㈜페이테크는 시드 투자 계약에서 Full Ratchet 방식의 지분 희석 방지 조항을 수용했습니다. 1년 후 시리즈 A 투자를 유치하는 과정에서 예상보다 낮은 기업가치로 투자를 받게 되었고, Full Ratchet 조항에 따라 시드 투자자의 지분이 많이 증가했습니다. 결과적으로 창업자의 지분은 25%에서 15%로 감소했고, 이는 창업자의 동기 부여와 후속 투자 유치에 부정적인 영향을 미쳤습니다. 이후 ㈜페이테크는 투자 계약 시 Weighted Average 방식을 고수하게 되었습니다.

3 우선주 조건(Preferred Stock Terms)

우서주는 일반 주식과 달리 특정 권리를 추가로 부여받는 주식 형태입니다. 일반적인 보통주와 달리 원칙적으로 의결권은 없지만(상법상 예외적으로 의결권 있는 우선주 발행도 가능함. 하지만, 이 책에선 의결권 없는 우선주만 다룸.) 이익 배당, 잔여재산 분배 등에서 우선적 권리가 부여되는 주식이죠. 즉, 경영 참여는 불가능하지만, 배당금 지급이나 회사 청산 시 자산 분배에서 보통주보다 먼저 권리를 행사할 수 있습니다. 투자자는 이를 통해 더 큰 안정성과 수익 가능성을 확보합니다. 우선주는 다음과 같은 특징이 있습니다.

우선 배당권

- 일반 주식보다 먼저 배당을 받을 권리
  예시) 연간 투자 금액의 1~5% 우선 배당

우선 청산권

- 회사가 청산되거나 매각될 경우, 일반 주식보다 먼저 자산 분배를 받을 권리
- 일반적으로 투자 금액의 1~2배를 우선 분배

전환권

- 우선주를 보통주로 전환할 수 있는 권리
- 일반적으로 1:1 비율로 전환, 리픽싱(Refixing) 조항 따라 변동

상환권

- 일정 기간 후 회사에 투자금 상환을 요청할 수 있는 권리
- 일반적으로 투자 후 3~5년 경과 시점부터 행사 가능

우선주는 의결권은 없어 경영권에 영향을 주지 않는 듯 보이지만 의외의 복병이 되기도 합니다. 이 때문에 발행 시 몇 가지는 꼭 확인해야 하는데요. 다음의 체크리스트를 통해 점검한 뒤 발행하시길 바랍니다.

우선주의 체크포인트
☑ 우선 배당률이 합리적인 수준인가?(일반적으로 1~5%)
☐ 우선 청산 시 분배 비율이 적정한가?(일반적으로 1~2배)
☐ 상환권 행사 시기가 회사의 성장 단계를 고려했는가?(최소 3년 이상)
☐ 상환 조건이 회사의 재무 상황을 고려했는가?(배당가능이익 범위 내 등)

사례를 보고 설명을 이어 가도록 하겠습니다.

가상 사례: 헬스케어 스타트업의 ㈜메디테크의 우선주 발행

헬스케어 스타트업 ㈜메디테크는 시리즈 B 투자에서 상환전환우선주(RCPS)를 발행했습니다. 계약서에는 투자 후 3년이 지나면 투자자가 상환을 요청할 수 있고, 회사는 이를 거부할 수 없다는 조항이 포함되었습니다.

3년 후 ㈜메디테크는 여전히 성장 단계에 있었고 충분한 현금 흐름이 발생하지 않았지만, 투자자는 상환권을 행사했습니다. 회사는 상환 자금을 마련하기 위해 핵심 자산을 매각해야 했고, 이는 회사의 성장에 큰 타격을 주었습니다. 이 사례는 상환권 조항이 회사의 성장 단계와 재무 상황을 고려하여 신중하게 설계되어야 함을 보여 줍니다.

이는 우선주의 발행에 신중해야 하는 걸 보여 주는 사례입니다. '의결권이 없으니 괜찮겠지.'라는 안일한 생각으로 투자금을 마련하려다가 오히려 회사 성장의 발목을 잡을 수 있기 때문입니다.

4 경영 참여 및 동의권

투자자는 투자금 보호와 회사의 건전한 경영을 위해 일정 수준의 경영 참여와 주요 의사 결정에 대한 동의권을 요구합니다. 특히 스타트업 투자 환경에서는 '사전동의권'이라는 형태로 동의권이 중요하게 작용하기도 합니다. 세부 내용을 살펴보죠.

주요 내용

이사 선임권

- 투자자가 이사회에 이사를 선임할 수 있는 권리
- 일반적으로 투자 규모에 비례하여 1~2명의 이사 선임권 부여

동의권(Consent Right)

- 주요 경영 의사 결정에 투자자의 사전 동의가 필요한 사항
- 정관 변경, 증자/감자, 합병/분할, 주요 자산 처분, 대규모 차입 등

협의권(Consultation Right)

- 투자자와 사전 협의가 필요한 사항
- 동의권보다 약한 형태, 협의는 하되 최종 결정권은 회사에 있음

정보 접근권

- 회사의 재무제표, 사업 계획, 이사회 의사록 등에 접근할 수 있는 권리
- 일반적으로 월간/분기별/연간 보고 의무 포함

경영권 참여 및 동의 체크포인트
☑ 이사 선임권이 투자 규모에 비례하는가?
☐ 동의권 항목이 너무 광범위하지 않은가?
☐ 동의권 행사 절차와 기간이 명확한가?
☐ 투자자의 지분율이 감소하면 동의권도 축소되는 조항이 있는가?
☐ 정보 접근권의 범위와 보고 주기가 합리적인가?

경영 참여 및 동의권에 대한 법적 근거는 대법원 판결에서 찾을 수 있습니다. 대법원은 "회사가 자금 조달을 위해 신주인수계약을 체결하면서 주주의 지위를 갖게 되는 자에게 회사의 의사 결정에 대한 사전 동의를 받기로 약정한 경우, 특별한 사정이 있는 경우에는 허용할 수 있다."라고 판시했습니다. 이는 투자 계약에서 투자자에게 특별한 동의권을 부여하는 조항이 유효함을 확인한 중요한 판례입니다. 경영 참여 및 동의권과 관련된 사례까지 확인해 보죠.

가상 사례: 스타트업 ㈜클라우드 솔루션의 동의권 조항 분쟁

SaaS(서비스형 소프트웨어) 스타트업 ㈜클라우드 솔루션은 시리즈 A 투자 계약에서 투자자에게 광범위한 동의권을 부여했습니다. 계약서에는 "회사의 모든 중요한 의사 결정에 투자자의 사전 동의가 필요하다."라는 모호한 조항을 포함했습니다. 이후 ㈜클라우드 솔루션이 신규 서비스 출시를 위해 신속한 의사 결정이 필요했을 때, 투자자의 동의를 얻는 과정에서 지연이 발생했고, 경쟁사에 시장 선점 기회를 빼앗기는 결과를 낳았습니다.

사례에서 보듯 동의권 조항이 구체적이고 명확하게 정의되어야 하며, 회사의 신속한 의사 결정을 방해하지 않는 수준으로 제한되어야 합니다.

5 주식 거래 제한 조항

주식 거래 제한 조항은 창업자와 투자자의 주식 거래를 일정 부분 제한하여 회사의 안정적인 지배 구조를 유지하고, 주주 간 이익을 보호하기 위한 장치입니다. 창업자가 보유한 주식을 자유롭게 처분할 수 없다는 게 불공정하게 생각될 수 있습니다. 하지만 스타트업에 투자할 때 창업자나 주요 주주가 누군지를 고려하는 경우가 많습니다. 창업자를 믿고 투자했는데 창업자가 본인 주식을 제3자에게 처분한다면 투자자 처지에선 투자 전략에 차질이 생길 수 있습니다. 그렇다면 주식 거래를 제한하는 방법엔 어떤 것이 있을까요? 크게 네 가지로 볼 수 있습니다.

주요 내용

우선매수권(Right of First Refusal, ROFR)

- 주주가 주식을 매각하려 할 때 다른 주주에게 우선하여 매수할 기회를 제공하는 권리
  예시) 창업자가 주식을 매각하려 할 때 투자자에게 먼저 매수 기회 제공

공동매도권(Tag-along Rights)

- 대주주가 주식을 매각할 때 소수주주도 같은 조건으로 함께 매각할 수 있는 권리
- 소수주주 보호를 위한 장치

강제매도권(Drag-along Rights)

- 대주주가 주식을 매각할 때 소수주주에게도 같은 조건으로 매각을 강제할 수 있는 권리
- 회사 전체 매각 시 활용

주식 처분 제한(Lock-up)

- 일정 기간 주식 매각을 금지하는 조항
- 일반적으로 창업자에게 3~5년의 제한 기간 설정

주식 거래 제한 조항을 설계할 때 꼭 확인해야 하는 점도 살펴보겠습니다.

주식 거래 제한 조항 체크포인트
☑ 우선매수권의 적용 범위와 절차가 명확한가?
☐ 공동매도권이 소수주주의 권리를 적절히 보호하는가?
☐ 강제매도권의 발동 조건이 합리적인가? (예: 전체 주주의 2/3 이상 동의)
☐ 주식 처분 제한 기간이 합리적인가?(3~5년)
☐ 임직원에 대한 주식 매각은 제한 조항에서 예외로 되어 있는가?

여기서 한 가지 더 양도제한약정에 대해 짚고 넘어가야 합니다. 양도제한약정은 쉽게 말해 "내가 가진 권리를 아무에게도 넘기지 않겠다."라는 걸 미리 정해 두는 것입니다. 투자자분의 회수 가능성을 전면으로 부정하거나 사회질서에 반하지 않는 한 주주 간의 유효한 계약으로서 채권적 효력이 있는 것이죠. 만약 어느 한 당사자가 이를 위반하여 주식을 양도하면 손해배상 책임을 질 수 있습니다.

가상의 사례를 통해서 주식 거래 제한 조항을 계약에 포함하는 것이 왜 중요한지 확인해 보겠습니다.

가상 사례: ㈜쇼핑플러스의 지분 매각 시도

e커머스 스타트업 ㈜쇼핑플러스의 창업자 조 씨는 개인적인 자금 필요로 자신의 지분 일부를 매각하려 했습니다. 투자 계약에는 우선매수권 조항이 있었지

만, 조 씨는 이를 무시하고 경쟁사 임원에게 지분을 매각했습니다. 투자자는 계약 위반을 이유로 소송을 제기했고, 법원은 주식 양도 자체는 유효하나, 조 씨에게 계약 위반에 따른 손해배상 책임을 인정했습니다. 이는 주식거래 제한 조항 위반 시 법적 책임이 발생할 수 있음을 보여 줍니다.

6 투자금 사용 용도 및 보고 의무

투자금 사용 용도와 보고 의무는 투자자가 투자금이 적절하게 사용되고 있는지 확인하기 위한 조항입니다. 혹자는 투자 계약에서 핵심 조항으로 투자금 사용 용도와 관련된 내용을 꼽기도 합니다. 투자자와 투자 대상인 기업 간 가장 많이 벌어지는 소송이 '투자금의 용도 제한 위반' 그리고 '투자자의 동의권 침해'이기 때문입니다. 즉, 투자금을 멋대로 사용하거나 유용했는지 여부를 다투는 경우가 많습니다. 이런 법적 리스크를 줄이기 위해 투자금의 사용 용도는 어떻게 명시하는 것이 좋을까요? 그리고 어떤 내용이 보고에 포함되어야 하는지 확인해 보겠습니다.

투자금 사용 용도 관련 조항의 주요 내용

투자금 사용 용도

- 투자금을 어떤 목적으로 사용할지 명시
예시) R&D, 마케팅, 인력 채용, 운영 자금 등

사용 계획 변경 절차

- 투자금 사용 계획을 변경할 때 필요한 절차
- 일반적으로 투자자의 사전 동의 또는 통지 필요

보고 의무

- 투자금 사용 현황에 대한 정기적 보고 의무
- 일반적으로 월간/분기별 보고서 제출

체크포인트를 짚어 가며 다시 정리해 봅시다.

투자금 사용 용도의 체크포인트
☑ 투자금 사용 용도가 너무 제한적이지 않은가?
☐ 사용 계획 변경 절차가 합리적인가?
☐ 보고 의무의 범위와 주기가 적절한가?
☐ 보고 의무 불이행 시 제재 조항이 과도하지 않은가?

　투자자는 투자금을 어디에 사용했는지 알고 싶어 합니다. 하지만 그 때문에 투자금 사용 용도를 제한하면 기업은 유연한 선택을 하기 어려워집니다. 또한 스타트업의 경영권이 위축될 수 있죠. 이 때문에 양쪽을 다 만족시킬 수 있도록 균형 잡힌 조항을 넣는 게 중요한데요. 관련 사례를 확인해 보겠습니다.

가상 사례: 스타트업 ㈜에듀테크의 투자금 사용 동의 관련 분쟁

교육 테크 스타트업 ㈜에듀테크는 시리즈 A 투자 계약에서 "투자금은 오직 R&D와 제품 개발에만 사용해야 한다."라는 제한적인 조항에 동의했습니다. 그러나 시장 상황이 변화하면서 마케팅 투자가 시급해졌지만, 투자자의 동의를 얻는 데 시간이 걸렸고, 이로 인해 중요한 마케팅 기회를 놓치게 되었습니다.

7 계약 위반 및 해지 조항

계약 위반 및 해지 조항은 투자 계약이 위반되었을 때 대응 방안과 계약 종료 조건을 규정합니다. 계약 당사자 간 의무 불이행 시 판단의 잣대가 되는 법적 장치라고 볼 수 있습니다. 이 때문에 신중하게 작성하되 위반 사항, 시정할 수 있는 기간 등이 명확하게 표현되어야 합니다. 주요 내용을 살펴보죠.

계약 위반의 정의

- 어떤 행위가 계약 위반에 해당하는지 명시
  예시) 진술 및 보증 위반, 의무 불이행, 약정 사항 위반 등

시정 기회(Cure Period)

- 계약 위반 시 시정할 수 있는 기간 부여
- 일반적으로 30~60일의 시정 기간 설정

위약금 및 손해배상

- 계약 위반 시 지불해야 하는 위약금 또는 손해배상 규정
- 일반적으로 투자금액의 일정 비율(10~30%)로 설정

계약 해지 조건

- 계약이 종료되는 조건 명시
  예시) 상장, 전체 지분 매각, 청산 등

계약 위반 및 해지 조항의 체크포인트	
☑	계약 위반의 정의가 명확한가?
☐	시정 기회가 충분히 주어지는가?
☐	위약금 및 손해배상 금액이 적정한가?
☐	계약 해지 조건이 합리적인가?

위의 체크포인트 중 두 번째, 시정의 기회를 명시하지 않아 낭패를 본 스타트업 '스마트홈'의 사례를 확인해 보겠습니다.

가상 사례: 스타트업 ㈜스마트홈의 계약 해지 통보

IoT 스타트업 ㈜스마트홈은 투자 계약에서 시정 기회 없이 즉시 계약 해지가 가능한 조항에 동의했습니다. 이후 사소한 보고 의무 지연으로 투자자가 계약 해지를 통보했고, ㈜스마트홈은 추가 투자 유치에 큰 어려움을 겪었습니다. 이 사례는 계약 위반 시 시정 기회를 충분히 부여하는 조항의 중요성을 보여 줍니다.

8 투자 계약 체결 시 종합 체크리스트

투자계약서를 작성할 때 유의해야 하는 점을 살펴봤습니다. 그럼, 마지막으로 종합적으로 투자 계약을 체결하기 전에 체크할 내용을 정리해 보죠. 작성했던 계약서가 있거나 작성 예정이라면 체크리스트를 주요 조항들을 토대로 꼼꼼히 검토해 보시길 바랍니다.

계약 당사자 확인 체크포인트
☑ 투자자의 정확한 법적 명칭과 주소가 명시되어 있는가?
☐ 회사(피투자기업)의 정보가 정확한가?
☐ 이해관계인(창업자, 대표)이 당사자로 포함되어 있는가?
☐ 이해관계인에게 적용되는 권리와 의무가 명확한가?

투자 조건 및 지분 구조 체크포인트
☑ 투자 금액과 주식 종류(보통주/우선주/전환사채 등)가 명확한가?
☐ 기업가치 평가 방식과 지분율 계산이 투명한가?
☐ 투자금 납부 일정과 방법이 구체적으로 명시되어 있는가?
☐ 주식 발행 절차와 일정이 명확한가?

진술과 보증 체크포인트
☑ 진술과 보증의 범위가 합리적인가?
☐ 회사와 이해관계인이 알고 있는 범위 내에서만 책임을 지도록 제한되어 있는가?
☐ 진술과 보증 위반 시 책임의 범위와 한도가 명확한가?
☐ 진술과 보증의 유효 기간이 설정되어 있는가?

경영권 참여 및 동의 체크포인트
☑ 이사 선임권이 투자 규모에 비례하는가?
☐ 동의권 항목이 너무 광범위하지 않은가?
☐ 동의권 행사 절차와 기간이 명확한가?
☐ 투자자의 지분율이 감소하면 동의권도 축소되는 조항이 있는가?
☐ 정보 접근권의 범위와 보고 주기가 합리적인가?

주식 거래 제한 조항 체크포인트
☑ 우선매수권의 적용 범위와 절차가 명확한가?
☐ 공동매도권이 소수주주의 권리를 적절히 보호하는가?
☐ 강제매도권의 발동 조건이 합리적인가? (예: 전체 주주의 2/3 이상 동의)
☐ 주식 처분 제한 기간이 합리적인가?(3~5년)
☐ 임직원에 대한 주식 매각은 제한 조항에서 예외로 되어 있는가?

투자 계약은 스타트업의 미래를 좌우하는 중요한 법적 문서입니다. 투자자는 위험성을 감안하고 수익 창출을 기대하고 투자하는 것이고 스타트업은 안정적인 경영을 위한 버팀목을 만들기 위한 목적으로 투자를 유치합니다. 그렇기에 투자 계약서의 각 조항이 갖는 의미와 영향을 충분히 이해하고, 창업자와 투자자 모두에게 공정한 계약을 체결하는 것이 중요합니다.

특히 진술과 보장, 지분 희석 방지 조항, 우선주 조건, 경영 참여 및 동의권, 주식 거래 제한 조항 등은 반드시 꼼꼼히 검토해야 하지만 용어가 어렵고 낯설어서 대충 정리하고 넘어가는 경우가 많습니다. 이런 이유로 투자 계약 협상 시에는 법률 전문가의 도움을 받는 것을 권하며, 계약 체결 전에 모든 조항을 충분히 이해하고 있는지 꼭 확인하길 당부합니다. 잘 작성된 투자 계약은 창업자와 투자자 간의 신뢰를 강화하고, 회사의 안정적인 성장을 뒷받침하는 중요한 기반이 될 것입니다.

참고로 대법원은 2023년 7월 판결에서 "회사가 자금 조달을 위해 신주인수계약을 체결하면서 주주의 지위를 갖게 되는 자에게 회사의 의사 결정에 대한 사전 동의를 받기로 약정한 경우, 이는 주주평등의원칙에 반하지 않는다."라고 판시했습니다. 이는 투자 계약에서 투자자에게 특별한 권리를 부여하는 것이 법적으로 유효함을 확인한 숭요한 판례로, 스타트업 투자 계악의 법적 안정싱을 높이는 데 기여하고 있으니 참고하시길 바랍니다.

3.3. 법률·세무적 리스크 관리

스타트업이 성장하면서 투자 유치는 필수적인 과정이지만, 투자를 받으면 법률적, 세무적 리스크가 증가합니다. 특히 투자를 받으면 지분 구조가 변화하고 세금 문제가 복잡해지므로, 창업자는 이러한 리스크를 사전에 인지하고 관리하는 전략을 수립해야 합니다.

특히 스타트업이나 중소기업의 경우 법률 리스크 관리에 소홀하기 쉽습니다. 초기 단계부터 꼼꼼하게 대비하는 것이 장기적인 성장에 도움이 되기 때문에 창업 초기부터 리스크 관리 전략을 세워야 합니다. 이 장에서는 투자 유치 후 발생하는 법률·세무적 리스크와 이를 효과적으로 관리하는 방법에 대해 알아보겠습니다.

투자 유치 후 지분 희석과 관리 전략

투자 유치는 회사에 필요한 자금을 조달하는 중요한 수단이지만, 동시에 창업자의 지분이 희석되는 결과를 가져옵니다.

지분 희석의 개념과 영향

지분 희석이란 회사가 신규 주식을 발행하여 투자를 받으면서 기존 주주들의 지분율이 감소하는 현상을 말합니다. 회사가 발행한 전체 주식 수가 증가하면 개별 주주의 지분 비율은 줄어들 수밖에 없기 때문이죠.

예를 들어 보죠. 창업자가 창업 단계에서 100% 지분을 보유하다가 시드 투자를 유치하면서 지분율이 80%로 낮아졌습니다(시드 투자자 20%). 이후 시리즈 A와 B 투자를 거치면서 창업자 지분율이 순차적으로 64%, 48%로 줄어들 수 있습니다. 이러한 지분 희석은 투자 유치의 불가피한 결과이지만, 과도한 희석은 창업자의 경영권과 의사 결정 권한을 약화할 수 있습니다. 사례를 보면 보다 분명하게 알 수 있습니다. 가상의 사례를 보면 창업자의 지분이 어떻게 줄어드는지 확인할 수 있습니다.

가상 사례: ㈜테크노바의 지분 희석

AI 기반 데이터 분석 스타트업 ㈜테크노바의 창업자 김 대표는 초기의 100% 지분을 보유했습니다. 시드 투자에서 2억 원을 유치하면서 투자 후 기업가치(post-money valuation) 10억 원 기준으로 신주를 발행했고, 이후 시리즈 A에서 20억 원을 100억 원 기업가치로 투자받으면서 추가로 신주를 발행했습니다. 시리즈 B에서 100억 원을 400억 원 기업가치로 투자받으면서 또다시 신주를 발행했습니다. 결과적으로 김 대표의 지분은 초기 100%에서 55.56%로 감소했습니다.

1 창업자 지분 보호를 위한 전략

복수의결권 주식 활용

2023년 「벤처기업법」 개정으로 비상장 벤처기업의 창업주만 주당 2~10개의 의결권을 갖는 복수의결권 주식 발행이 허용되었습니다. 이는 창업자가 적은 지분으로도 경영권을 유지할 수 있는 중요한 수단입니다.

「벤처기업육성에 관한 특별조치법」 제16조의 11에 따르면, 비상장 벤처기업은 정관으로 정하는 바에 따라 1주당 1개 초과 10개 이하의 의결권이 있는 주식을 발행할 수 있습니다.

단, 복수의결권 주식 활용의 조건이 있습니다.
- 창업 후 누적 투자액 100억 원 이상 등 일정 요건 충족 필요
- 발행 후 10년 이내에 자동 소멸 등의 제한 존재

가상 사례: ㈜바이오헬스 창업자의 지분 희석 사례
스타트업인 ㈜바이오헬스의 창업자 이 대표는 시리즈 B 투자 유치 후 지분이 40%로 희석되었지만, 복수의결권 주식(1주당 3개의 의결권)을 발행하여 전체 의결권의 67%를 확보함으로써 중요 의사 결정에 대한 통제력을 유지할 수 있었습니다.

프로라타권(Pro-rata rights) 행사

프로라타는 라틴어로 '비례하여'라는 의미를 가지며, 금융 및 법률 분야에서 특정 자산이나 권리를 각 참여자에게 지분 또는 투자 비율에 따라 배분하는 방식을 말합니다. 즉, 프로라타권은 기존 주주가 후속 투자 라운드에서 자신의 지분율을 유지할 수 있도록 우선해서 투자에 참여할 수 있는 권리입니다. 이를 통해 창업자는 추가 투자를 통해 지분 희석을 방지할 수 있습니다.

「상법」 제418조에 따른 신주인수권의 확장된 개념으로, 투자계약서에 명시적으로 규정하여 보장받을 수 있습니다.

지분 희석 방지 조항(Anti-dilution) 협상

투자 유치를 받은 후 지분 희석을 관리하는 전략 중 하나는 투자계약서에 지분 희석 방지 조항을 포함하는 것입니다. 이 경우 다운라운드(이전보다 낮은 기업가치로 투자 유치)가 발생할 때 투자자의 지분이 보호받을 수 있습니다. 창업자도 이와 유사한 보호 장치를 협상할 수 있습니다.

단, 일반적으로 지분 희석 방지 조항은 투자자를 위한 보호 장치이므로, 창업자에게는 적용되지 않아 상대적으로 지분이 더 낮아질 수 있습니다. 따라서 창업자도 유사한 보호 조항을 협상하는 것이 중요합니다.

단계적 투자 유치 전략

마지막 전략은 기업가치가 상승할 것으로 예상되는 시점에 맞춰 단계적으로 투자를 유치하는 전략도 지분 희석을 최소화하는 방법입니다. 이건 사례를 보는 게 더 효과적입니다.

세무적 리스크 관리와 최적화 전략

죽음과 세금은 피할 수 없다는 말이 있습니다. 기업 경영에서도 '세금'은 피할 수 없는 존재입니다. 스타트업은 투자 유치 과정과 이후 운영에서 다양한 세무 이슈에 직면합니다. 이후 사업 규모가 커지고 거래가 다양해지면 세금 문제는 단순히 비용 부담이 아닌 기업의 평판을 좌우하는 문제가 될 수 있습니다. 적절한 세무 전략을 수립하면 불필요한 세금 부담을 줄이고 회사의 재무 건전성을 높일 수 있습니다. 탈세가 아닌 절세 전략을 제대로 세우는 것이 스타트업에겐 중요하다는 점을 염두에 두시길 바랍니다.

법인세 최적화 전략

먼저 큰 지출 중 하나인 법인세 납부와 관련된 전략을 세워 보겠습니다.

세액공제 및 감면 제도 활용

스타트업은 다양한 세액공제와 감면 제도를 활용하여 법인세 부담을 줄일 수 있습니다. 「조세특례제한법」 제6조(창업중소기업 등에 대한 세액감면)에 따르면, 창업중소기업은 최대 5년간 법인세의 25~100%를 감면받을 수 있습니다.

> **참고**
> - 2025. 12. 31. 이전 창업 : 50% ~ 100%
> - 2026. 1. 1. 이후 창업 : 25% ~ 100%

다음과 같은 전략적 활용 방안을 고려할 수 있습니다.
- 연구개발(R&D) 세액공제: 연구개발비의 일정 비율을 법인세에서 공제

- 고용 증대 세액공제: 상시근로자 증가에 따른 세액공제
- 중소기업 특별세액감면: 중소기업에 대한 법인세 감면

가상 사례: ㈜셀테라피의 법인세 감면 사례

바이오 스타트업 ㈜셀테라피는 신약 개발을 위한 R&D 투자를 통해 연구개발비의 25%를 세액공제 받았습니다. 또한 창업중소기업 세액감면을 통해 법인세의 75%를 추가로 감면받아 초기 자금 부담을 크게 줄일 수 있었습니다.

급여·배당 전략 최적화

인건비는 비용 처리에 중요한 수단인 동시에 절세의 효과적인 수단이기도 합니다. 배당도 마찬가지죠. 특히 대표이사와 주주에 대한 급여와 배당의 비율을 조정하여 전체적인 세금 부담을 최적화할 수 있습니다. 이때 법적으로 고려할 사항이 있습니다.

- 급여는 법인세 계산 시 비용으로 인정되나, 소득세가 부과
- 배당은 법인세 납부 후 이익에서 지급되며, 배당소득세가 부과

법인세율과 소득세율을 고려하여 급여와 배당의 비율을 조정합니다. 일반적으로 법인세율이 개인 소득세율보다 낮은 경우, 적정 수준의 급여를 설정하고 나머지는 회사에 유보하는 것이 유리할 수 있습니다. 짧은 사례를 하나 보고 가죠.

가상 사례: 스타트업 ㈜클라우드웍스의 사례

IT 스타트업 ㈜클라우드웍스의 대표이사는 세무 전문가의 조언을 들어 자신의 급여를 연 8,000만 원으로 설정하고, 회사의 이익은 최대한 재투자에 활용하는 전략을 채택했습니다. 이를 통해 개인 소득세 부담을 줄이면서도 회사의 성장을 위한 자금을 확보할 수 있었습니다.

가지급금 관리

스타트업에서 자주 발생하는 가지급금(회사 자금의 개인적 사용)의 발생은 세무 리스크의 주요 원인이 될 수 있습니다. 가지급금은 회사의 돈이 나갔지만, 정확한 용도가 명시되지 않았거나, 아직 정하지 못한 경우입니다.

가지급금은 세무조사 시 주요 점검 대상이며, 적절히 정리되지 않으면 상여 처리되어 추가 세금이 부과될 수 있습니다.

효과적인 관리 방안은 크게 세 가지로 분류해 볼 수 있습니다.

- 가지급금 발생을 최소화하고, 발생 시 신속히 정리
- 대표이사 급여를 적정 수준으로 설정하여 가지급금 필요성 감소
- 법인카드와 개인카드 사용을 명확히 구분

가상 사례: ㈜데브솔루션의 가지급금 문제

소프트웨어 스타트업 ㈜데브솔루션의 대표는 초기에 회사 자금과 개인 자금을 명확히 구분하지 않아 가지급금이 누적되었습니다. 세무조사에서 이 부분이 지적되어 가지급금에 대한 상여 처리로 약 2,000만 원의 추가 세금을 납부해야 했습니다. 이후 회사는 엄격한 자금 관리 시스템을 도입하여 유사한 문제가 재발하지 않도록 조치했습니다.

주식매수선택권(스톡옵션) 세무 관리

스톡옵션은 임직원의 동기 부여를 위한 중요한 도구이지만, 부여 및 행사 시 세무적 고려가 필요합니다.

「소득세법」 제20조 및 제21조에 따르면, 스톡옵션 행사 시 발생하는 이익은 근로소득 또는 기타소득으로 과세합니다.

세무 관리를 위한 최적화 전략은 세 가지로 구분됩니다.

- 벤처기업 임직원 스톡옵션 행사 이익 비과세 특례 활용(「조세특례제한법」 제16조의2)
- 스톡옵션 부여 시기와 행사 시기의 전략적 설정
- 행사 가격의 적정성 확보(시가보다 현저히 낮으면 세무상 문제 발생 가능)

가상 사례: 핀테크 스타트업 ㈜페이테크의 사례

핀테크 스타트업 ㈜페이테크는 핵심 개발자들에게 스톡옵션을 부여할 때, 「조세특례제한법」상 비과세 한도(연간 2억 원, 누적 5억 원)를 고려하여 설계했습니다. 또한 행사 시기를 회사의 기업가치가 크게 상승하기 전에 설정하여 행사 이익에 대한 세금 부담을 최소화했습니다.

3 주식 처분 및 지분 변동 관련 법률 이슈

이어서 주식의 처분과 이에 따른 지분 변동 시 어떤 법률 이슈가 발생할 수 있는지 알아보겠습니다.

주식 양도 시 주의 사항

투자자나 창업자가 보유 주식을 처분할 때는 여러 법률적, 세무적 이슈가 발생합니다. 특히 법률적 이슈는 미리 대응 방안을 마련해서 조치하는 것이 좋은데요. 어떤 법률 이슈가 발생할 수 있을까요?

- 투자계약서상 주식 처분 제한 조항 확인 필요
- 최대 주주 등 이해 관계인의 주식 처분 시 투자자 동의가 필요한 경우가 많음
- 우선매수권(Right of First Refusal) 조항 확인

세무적으로도 해야 할 일과 여러 조치를 취할 필요가 있습니다.

- 양도소득세 신고 및 납부 의무
- 증권거래세 신고 의무
- 주주 명부 변경 등 후속 조치 필요

주식 처분과 그로 인한 지분 변동이 법적, 세무적 이슈를 발생시킨 사례를 확인해 보겠습니다.

> **가상 사례: ㈜에듀테크 임원 오 씨의 지분 처분 사례**
>
> 교육 관련 스타트업 ㈜에듀테크의 임원 오 씨는 스톡옵션을 행사해 회사 주식 1만 주(지분 5%)를 보유하게 됐습니다. 이후 오 씨는 이 중 6천 주(지분 3%)를 외부 투자자에게 매도했습니다. 이러한 경우 임원 오 씨는 스톡옵션 행사로 얻은 이익이 비과세 한도(연 2억 원, 누적 5억 원)를 초과했다면, 초과분에 대해 소득세를 납부해야 합니다. 또한 주식 매도 시 차익에 대해 양도소득세 신고 및 납부 의무도 생깁니다. 경우에 따라 공시 의무로 생기므로 유의해야 할 것입니다.

공동창업자 간 지분 정리

창업 초기에 함께 시작했던 공동창업자가 퇴사하거나 역할이 변경될 경우, 지분 정리가 필요할 수 있습니다. 먼저 지분을 정리하는 방법을 살펴보고 각각의 방법의 장단점을 확인해 보겠습니다.

회사가 퇴사자의 지분을 매입한 후 소각

- 장점: 나머지 주주의 지분율이 자동으로 상승, 지분의 외부 유출 방지
- 단점: 회사 자금이 소요되어 재무 상황에 부담이 될 수 있음

남아 있는 창업자가 개인 자금으로 지분 매입

- 장점: 회사 자금 부담 없음, 퇴사 후 지분 관련 갈등 최소화
- 단점: 매입하는 창업자의 개인 자금 부담이 큼

제3의 투자자에게 지분 매각

- 장점: 회사와 창업자의 자금 부담 최소화, 추가 자금 유입 가능
- 단점: 제3자 유입으로 경영 방향성 변화 가능성, 적절한 투자자 구하는 데 시간 소요

지분 가치 평가 방법

공동창업자 간 지분을 정리할 때 그 가치를 평가하는 방법도 다양합니다. 방법에 따라 매각하는 비용이 달라지므로 회사의 재무적 상황을 고려해 결정해야 합니다.

시장가치 기준

최근 투자 유치 시 회사의 기업가치와 동일한 기준 적용

순자산 가치 기준

회사의 자산 및 부채를 기준으로 지분 가치 계산

할인 요인 고려

퇴사로 인해 발생할 수 있는 리스크를 반영해 할인율 적용

함께 했던 공동창업자의 퇴사 또는 직책 변경 후에는 지분 정리뿐만 아니라 그에 따른 리스크 관리도 필요합니다.

주식 처분 및 지분 변동 관련 내용이 종합된 사례를 살펴보죠.

가상 사례: ㈜애드테크 공동창업자의 퇴사

마케팅 플랫폼 스타트업 ㈜애드테크의 공동창업자 3명 중 1명이 개인 사정으로 퇴사하게 되었습니다. 퇴사하는 창업자는 25%의 지분을 보유하고 있었습니다. 회사는 독립적인 전문가를 통해 공정한 지분 가치를 평가했고, 해당 지분을 매입한 후 소각하는 방식으로 정리했습니다. 이 과정에서 비경쟁 조항, 비밀 유지 조항이 포함된 계약을 체결하여 향후 발생할 수 있는 리스크를 방지했습니다.

투자 유치 후 법률·세무적 체크리스트

스타트업에게 있어서 투자 유치도 중요하지만, 투자 유치 후 법률·세무적 리스크를 관리하는 것이 더 중요할 수 있습니다. 이를 위한 체크리스트를 참고해 관련 리스크를 줄이는 데 활용하길 바랍니다.

투자 유치 후 관리할 법률적 체크포인트
☑ 투자계약서상 의무 사항 정기적 검토 및 준수
☐ 지분 구조 변화에 따른 주주 명부 업데이트
☐ 이사회 및 주주총회 의사록 작성 및 보관
☐ 추가 투자 유치 시 기존 투자자의 동의 필요 여부 확인
☐ 주요 의사 결정 시 투자계약서상 제한 사항 확인
☐ 지식재산권 등록 및 보호 상태 점검
☐ 주식 처분 시 제한 사항 및 절차 확인

투자 유치 후 관리할 법률적 체크포인트
☑ 세액공제 및 감면 대상 여부 확인
☐ 연구개발비 등 주요 비용의 세무 처리 적정성 검토
☐ 대표이사 급여 수준의 적정성 검토
☐ 가지급금 등 세무 리스크 요소 정리
☐ 스톡옵션 부여 및 행사에 따른 세무 이슈 관리
☐ 투자금 사용에 대한 회계 처리 적정성 검토
☐ 정기적인 세무 전문가 상담 및 자문

투자 유치는 스타트업이 사업을 확장하기 위해 꼭 필요한 과정입니다. 하지만, 법률·세무적 리스크도 늘어나기 때문에 마냥 장밋빛이라 볼 수 없습니다. 창업자는 투자 유치 후 지분 희석을 최소화하기 위한 전략을 수립하고, 세무적 최적화 전략을 세워 불필요한 세금 부담을 줄이는 것이 중요합니다.

복수의결권 주식, 프로라타권 행사, 지분 희석 방지 조항 협상 등을 통해 창업자의 지분과 경영권을 보호할 수 있으며, 다양한 세액공제와 감면 제도, 급여·배당 전략 최적화, 가지급금 관리 등을 통해 세무적 효율성을 높일 수 있습니다.

스타트업 창업자는 법률 전문가와 세무 전문가의 도움을 받아 이런 리스크를 미리 인지하고 관리하는 전략을 수립해야 합니다. 이는 회사의 지속 가능한 성장을 위한 기반이 될 것입니다.

Exit 전략이라 하면 폐업을 떠올리는 분들이 많습니다.

비상구? 탈출? 단어가 부정적으로 비칠 수 있지만

스타트업의 Exit는 의미가 조금 다릅니다.

투자금 회수 전략으로,

투자를 받은 스타트업이 성장한 이후에 투자된 자금을

어떤 방식으로 회수할지 결정하는 걸 의미합니다.

EXIT 전략의 주요 방식은 IPO(기업공개)와 M&A(인수합병)

그리고 폐업으로 나눠볼 수 있습니다.

IPO(기업공개)와 M&A(인수합병) 못지않게

폐업도 전략적으로 해야 하는 이유가 있는데요.

지금부터 하나씩 살펴보도록 하겠습니다.

04

스타트업의
Exit 전략과 폐업

Exit 전략으로서의 M&A와 IPO

스타트업이 성공적으로 성장하면 M&A(인수합병) 또는 IPO(기업공개)를 통한 Exit를 고려할 수 있습니다. 듣기만 해도 설레는 말인데요. 현실은 어떤지 일단 M&A(인수합병)부터 살펴보겠습니다.

M&A는 기업의 인수(Acquisition)와 합병(Merger)을 합친 말로, 한 기업이 다른 기업의 주식을 취득해 경영권을 확보하거나, 두 개 이상의 회사가 하나의 회사로 결합하는 것을 의미합니다.

기업공개(IPO)는 'Initial Public Offering'의 약자로, 기업이 주식을 상장하는 방법 중 가장 큰 비중을 차지한다고 볼 수 있는데요. 기업을 공개한다는 것은 투자자가 공개적으로 주식을 살 수 있도록 하고, 이를 위해 기업은 경영 내용과 재무 상태 등을 투명하게 공개해야 합니다. 두 방식은 다른 특성과 장단점을 가지고 있습니다.

M&A의 장점

- 상대적으로 빠른 자금 회수 가능
- IPO보다 낮은 진입 장벽(규모, 재무 요건 등)
- 인수 기업의 자원과 네트워크 활용 가능
- 상대적으로 낮은 비용

IPO의 장점

- 일반적으로 더 높은 기업가치 평가 가능
- 기업의 독립성 유지
- 추가 자금 조달의 용이성
- 회사와 주주들에게 유동성 제공

4.1. 성공적인 출구 전략,
스타트업 매각(M&A) 시 유의 사항

스타트업 창업자의 궁극적인 목표 중 하나는 성공적인 Exit입니다. 열정과 노력으로 일궈 낸 스타트업이 성장함에 따라 M&A(인수합병) 또는 IPO(기업공개)를 통해 창업자와 투자자 모두 수익을 실현할 기회가 찾아옵니다. 특히 M&A(인수합병)는 IPO(기업공개)보다 더 일반적인 Exit 방식으로, 스타트업이 더 큰 기업에 인수되어 시너지를 창출하는 과정입니다. 지금부터 스타트업 매각 과정에서 알아 두어야 할 중요한 법률적 이슈와 유의 사항을 살펴보겠습니다.

이 장에서는 **M&A(인수합병)와 폐업**, 두 가지 Exit 전략에 대해서 다뤄 보고자 합니다. M&A(인수합병)를 선택한 기업의 사례를 통해 목적과 그에 따른 영향부터 확인해 보겠습니다.

가상 사례: 스타트업 ㈜헬스테크의 선택

건강 모니터링 앱을 개발한 ㈜헬스테크는 시리즈 B 투자 유치 후 두 가지 Exit 옵션을 검토했습니다. 글로벌 헬스케어 기업으로부터 500억 원 규모의 인수 제안이 왔고, 동시에 IPO를 통해 600억 원 이상의 기업가치를 기대할 수 있었습니다. 그러나 IPO를 위해서는 최소 2년의 추가 준비 기간과 안정적인 수익 구조가 필요했습니다. 결국 ㈜헬스테크는 즉각적인 자금 회수와 글로벌 기업의 네트워크를 활용할 수 있는 M&A를 선택했습니다.

1 기업가치 평가: 매각 가격 결정의 핵심

M&A에서 중요한 요소 중 하나는 기업가치 평가입니다. 기업가치는 매각 가격을 결정하는 핵심 요소로, 여러 지표를 활용하며, 다양한 방법을 통해 산정됩니다.

주요 기업가치 평가 방법

수익접근법(Income Approach)

- 주로 미래 예상 현금 흐름을 현재 가치로 환산하는 방식
- 스타트업의 성장 가능성을 반영할 수 있음
- 기업가치 = Σ(미래 현금 흐름 ÷ (1+할인율)^n) + 잔존 가치

시장접근법(Market Approach)

- 유사 기업의 거래 사례나 시장 배수(Multiple)를 활용
- 주요 배수: EV/EBITDA, EV/매출, P/E 비율 등
- 기업가치 = 매출액 × 업종 평균 매출 배수

자산접근법(Asset Approach)

- 기업의 순자산 가치를 기준으로 평가
- 기술 기반 스타트업은 적합하지 않을 수 있음

스타트업 특성을 반영한 가치 평가 요소

- 매출 및 성장률: 현재 매출과 향후 성장 가능성
- 시장 점유율: 해당 시장에서의 위치와 경쟁력
- 기술력: 특허, 지식재산권, 기술적 우위성

- 팀 역량: 창업팀의 전문성과 경험
- 고객 기반: 사용자 수, 고객 충성도, 고객획득비용(CAC)
- 확장성: 다른 시장이나 제품으로의 확장 가능성

최근 M&A 시장의 흐름은 실적 지표와 현금 흐름 등 다양한 요소를 종합적으로 고려해 기업 몸값을 다각도로 평가하는 추세로 변화하고 있습니다. 특히 경기 침체기에는 저평가된 우량 기업을 발굴해 적절한 가격에 인수하는 것이 경쟁력이 될 수 있는데요. 가상의 사례를 통해 각각의 지표가 기업가치 평가에 어떤 영향을 주는지 확인해 보도록 하겠습니다.

가상 사례: ㈜AI솔루션즈의 기업가치 평가

B2B AI 솔루션을 제공하는 ㈜AI솔루션즈는 연간 20억 원의 매출과 30%의 성장률을 보이고 있었습니다. 인수 희망 기업은 DCF 방식으로 기업가치를 평가했으나, ㈜AI솔루션즈는 자사의 특허 기술과 시장 선점 효과를 고려해 시장접근법을 주장했습니다. 결국 두 방식을 절충한 평가가 이루어졌고, 특허 기술에 대한 프리미엄을 추가하여 최종 300억 원의 기업가치로 합의했습니다.

2 실사(Due Diligence): 숨겨진 리스크 발견하기

M&A 과정에서 실사는 매우 중요한 단계이며 필수적인 과정입니다. 인수 희망 기업은 스타트업의 숨겨진 법적, 재무적 리스크를 파악하기 위해 철저한 실사를 진행합니다. 실사를 통해 체계적으로 기업의 상황을 점검하여 성공적인 거래와 사후 분쟁 예방을 할 수 있습니다. 또한 창업자도 이 과정을 통해 자사의 문제점을 파악하고 해결할 수 있습니다.

법률 실사에서 검토하는 **주요 항목**은 다음과 같습니다.

법인 구조 및 지배 구조

- 정관, 주주 명부, 이사회 의사록 검토
- 주주 간 계약서 및 투자계약서 검토

지식재산권

- 특허, 상표, 저작권 등록 현황
- 지식재산권 관련 분쟁 여부
- 기술 라이선스 계약 검토

계약관계

- 주요 거래처, 공급업체와의 계약
- 임대차 계약, 금융 계약 등
- 계약 위반 가능성 검토

인사 및 노무

- 근로계약서, 취업규칙 검토
- 미지급 임금, 퇴직금 등 확인
- 노동 관련 분쟁 여부

규제 및 법규 준수

- 관련 법규 위반 여부
- 인허가 취득 현황
- 소송 및 법적 분쟁 현황

법률 실사는 피인수 기업이 보유한 권리·의무, 계약관계, 소송·분쟁 현황 등 잠재적인 법적 위험 요소를 파악해 인수 후 발생할 수 있는 리스크를 최소화하는 것이 목적이기 때문에 유의할 점이 많습니다. 무엇이 있는지 알아보죠.

법률 실사 시 유의 사항

정보 제공 범위 설정

잠재적 인수자는 대상 기업의 내부 정보를 검토하기 위해 비밀 유지계약(NDA)을 체결하게 됩니다. 비밀 유지계약(NDA)을 통해 공개 정보의 범위와 사용 목적을 명확히 제한해야 합니다.

데이터룸 구성

기업의 중요한 기밀자료를 안전하게 공유하고 검토할 수 있도록 지원하는 공간 또는 시스템을 말합니다. 체계적인 자료 제공을 위한 가상 데이터룸을 구성하여 효율적인 실사 진행을 도모합니다.

영업비밀 보호

핵심 기술이나 영업비밀은 단계적으로 공개하거나, 필요시 블랙박스 방식으로 제한적 공개를 고려합니다.

※ 「부정경쟁방지 및 영업비밀보호에 관한 법률」 제2조에 따르면, '영업비밀'이란 공공연히 알려지지 않고 독립된 경제적 가치를 가지는 것으로서, 합리적인 노력으로 비밀로 유지된 기술상 또는 경영상의 정보를 의미합니다. 실사 과정에서 이러한 영업비밀이 유출되지 않도록 주의해야 합니다.

M&A(인수합병)를 위한 법률 실사는 투자 대상의 가치가 올바르게 산정되었는지 확인하고, 잠재적 리스크를 사전에 파악하는 데 중요한 역할을 합니다. 그러나 단순히 법률적인 관점만으로 프로젝트를 바라보는 것이 아니라 고객들의 비즈니스 니즈를 이해하는 과정까지 포함해 진행하는 것이 중요합니다. 가상의 사례를 통해 이상적인 M&A(인수합병)가 어떤 형태로 진행되는지 살펴보겠습니다.

가상 사례: ㈜클라우드테크의 실사 대응

클라우드 보안 솔루션을 제공하는 ㈜클라우드테크는 대기업으로부터 인수 제안을 받고 법적 실사 과정에서 몇 가지 문제점을 발견했습니다. 핵심 개발자 3명의 근로계약서에 경업금지 조항이 누락되어 있었고, 주요 고객과의 계약에 인수합병 시 계약 해지 가능성이 있는 조항(Change of Control 조항)이 포함되어 있었습니다. ㈜클라우드테크는 실사 전에 이러한 문제를 파악하고 개발자들과 추가 계약을 체결하고, 주요 고객들과 계약 수정 협의를 진행하여 문제를 해결했습니다. 그 결과 인수가 원활하게 진행될 수 있었습니다.

3 매각 계약의 주요 조항

M&A(인수합병) 계약서는 매우 복잡하고 전문적인 법률 문서입니다. 전문가의 조언을 받고 작성해야 리스크를 줄일 수 있지만 주요 조항의 경우 창업자가 미리 확인하고 알아 두는 것이 좋습니다. 특히 다음과 같은 주요 조항들을 이해하고 협상에 임하는 게 유리합니다.

진술 및 보증(Representations and Warranties)

매도자가 회사의 상태에 대해 진술하고 보증하는 조항으로, 이후 허위 사실이 발견될 시 책임을 지게 됩니다.

- 회사의 적법한 설립 및 존속
- 재무제표의 정확성
- 지식재산권의 소유 및 유효성
- 중요 계약의 유효성
- 소송 및 분쟁 부재

진술 및 보증 위반 시 손해배상 책임이 발생할 수 있으며, 그 범위는 계약에서 정한 바에 따라 결정됩니다.

선행 조건(Conditions Precedent)

거래 종결 전에 충족되어야 할 조건들을 명시합니다.

- 필요한 인허가 취득
- 제3자 동의 획득
- 주요 임직원 유지
- 중대한 부정적 변화(MAC: Material Adverse Change) 부재

보상 조항(Indemnification)

진술 및 보증 위반이나 기타 계약 위반 시 어떻게 보상할지 그 방법과 한도를 정합니다.

주요 보상 관련 조항

- 보상 한도(Cap): 일반적으로 매각 대금의 10~30%
- 최소 청구 금액(Basket): 일정 금액 이상의 손해만 청구 가능
- 보상 기간(Survival Period): 일반적으로 1~3년, 세금이나 환경 문제는 더 길게 설정

매각 대금 지급 구조

M&A와 관련해 매각 대금의 지급 방식과 시기를 정합니다.

주요 지급 방식

- 일시 지급(Lump Sum Payment)
- 이연 지급(Deferred Payment)
- 에스크로(Escrow): 일정 금액을 제3자에게 예치
- 성과 연동형(Earn-out): 향후 성과에 따라 추가 대금 지급

4 매각 후 창업자의 법적 책임과 의무

M&A(인수합병)가 성공적으로 진행됐다고 끝이 아닙니다. 이후에도 창업자에게 는 다양한 법적 책임과 의무가 따릅니다. M&A 이후 법적 책임을 다하지 못한 경우 손해배상 등의 민사책임은 물론이고 각종 계약 불이행 등에 따른 다양한 분

쟁 가능성이 존재하므로 체계적인 사전 점검과 철저한 계약 관리가 필수입니다. 특히 경업금지와 비밀 유지 의무는 매우 중요한 이슈입니다.

경업금지 의무

경업금지 조항은 창업자가 일정 기간 동종 업계에서 경쟁 사업을 하지 못하도록 제한하는 조항입니다.

경업금지 약정의 유효성은 ① 보호할 가치 있는 사용자의 이익, ② 근로자의 퇴직 전 지위, ③ 경업제한의 기간·지역 및 대상 직종, ④ 근로자에 대한 대가의 제공 여부, ⑤ 근로자의 퇴직 경위, ⑥ 공공의 이익 및 기타 사정 등을 종합적으로 고려하여 판단합니다.

경업금지 조항의 일반적 범위

- 기간: 일반적으로 1~3년
- 지역: 회사가 사업을 영위하는 지역
- 업종: 회사와 직접 경쟁하는 업종

경업금지 조항을 지키지 않았을 경우 어떤 문제점이 초래될 수 있는지 사례를 확인해 보겠습니다.

가상 사례: ㈜모바일페이 창업자의 경업금지 분쟁

모바일 결제 서비스 ㈜모바일페이의 창업자 강 씨는 회사를 대기업에 매각한 후 2년간 경업금지 의무를 지게 되었습니다. 매각 1년 후, 강 씨는 직접적인 결제 서비스가 아닌 결제 보안 솔루션을 개발하는 새로운 회사를 설립했습니다. 인수 기업은 이것이 경업금지 위반이라고 주장하며 소송을 제기했으나, 법원은 결제 보안 솔루션이 직접적인 결제 서비스와는 다른 시장이라고 판단하여 강 씨의 손을 들어주었습니다.

이 사례를 통해 경업금지 조항의 '업종' 범위가 명확히 정의되고 명시되어야 함을 알 수 있습니다.

비밀 유지 의무

창업자는 회사의 영업비밀과 기밀정보를 보호할 의무가 있습니다.

「부정경쟁방지 및 영업비밀보호에 관한 법률」 제10조에 따르면, 영업비밀 침해행위에 대해 그 행위의 금지 또는 예방을 청구할 수 있으며, 제11조에 따라 손해배상을 청구할 수 있습니다.

M&A가 성공적으로 마무리된 이후에도 창업자는 거래와 관련해 알게 된 영업비밀, 민감한 정보, 내부 경영자료 등이 외부에 유출되지 않도록 책임을 다해야 합니다.

비밀 유지 의무의 주요 내용

- 대상 정보: 기술정보, 고객 정보, 사업 전략 등
- 의무 기간: 일반적으로 경업금지보다 장기간(3~5년 또는 무기한)
- 위반 시 제재: 손해배상, 형사처벌 가능

고용 유지 및 핵심 인력 관리

많은 M&A 계약에는 창업자와 핵심 인력의 고용 유지 조항이 포함됩니다. 하지만 매각 후 이를 위반하는 사례가 상당히 많다고 알려져 있습니다. 어떤 조항이 계약에 포함되는지 살펴보겠습니다.

- 의무 근무 기간(Lock-up Period): 일반적으로 1~3년
- 인센티브 구조: 성과에 따른 추가 보상
- 핵심 인력 이탈 방지 전략: 주요 직원 유지를 위한 인센티브

5 M&A 과정에서의 비밀 유지와 정보 관리

M&A 논의는 매우 민감한 정보로, 적절한 비밀 유지가 중요합니다. 비밀 유지 위반 정보 관리의 소흘로 인한 법적 분쟁이 자주 일어나고 있기 때문에 사전 점검과 철저한 계약과 관리가 필요합니다.

비밀 유지계약(NDA) 체결

비밀 유지계약(NDA)은 Non-Disclosure-Agreement의 약자로, 계약 협상 과정에서 서로 주고받는 정보를 비밀로 유지하기 위한 약정서를 의미합니다. M&A 논의 초기 단계에서 비밀 유지계약을 체결하여 정보 보호의 법적 기반을 마련합니다.

NDA의 주요 내용

- 비밀 정보의 정의 및 범위
- 정보 사용 목적 제한
- 정보 보호 의무
- 위반 시 책임 및 구제 수단
- 계약 기간

비밀 유지계약 위반 시 계약에서 정한 위약금을 청구할 수 있습니다.

정보공개의 단계적 접근

　민감한 기업 정보가 포함되어 있기 때문에 모든 걸 한꺼번에 공개하기보다 단계적으로 접근하는 것이 바람직합니다. 크게 3단계로 나눠서 공개하는 것이 일반적입니다.

단계적 정보공개 전략

- **1단계: 기본 정보 공개**

  회사 소개(연혁, 비전 등) / 재무 요약(매출, 이익 등 주요지표)

  사업 모델 및 주요 산업 분야

- **2단계: 중간 단계 정보공개**

  상세 재무 정보(부채, 자본 등) / 주요 계약 및 제휴 현황

  조직 구조 및 경영진 정보

- **3단계: 심화 단계 정보 공개**

  핵심 기술 및 특허 현황 / 영업 전략 및 시장 진출 계획

6 M&A 성공을 위한 체크리스트

　이상 스타트업의 Exit 전략 가운데 하나인 M&A(인수합병)를 성공적으로 진행하기 위해 알아야 할 점을 짚어 봤습니다. 기업의 규모를 확장할 수 있다는 설레는 마음은 뒤로하고 득과 실을 고려해 신중하게 진행하는 데 이 책이 도움이 되길 바랍니다. M&A(인수합병)의 시작부터 협상, 계약 체결과 이후 단계까지 체크리스트를 보면서 복습해 보시길 바랍니다.

M&A 사전 준비 단계 체크포인트
☑ 회사의 법적, 재무적 상태 점검
☐ 핵심 계약 및 지식재산권 정리
☐ 잠재적 인수자 리스트 작성
☐ 자문사(법률, 회계, 재무) 선정

M&A 협상 단계 체크포인트
☑ 비밀 유지계약(NDA) 체결
☐ 기업가치 평가 방법론 합의
☐ 실사 범위 및 일정 협의
☐ 계약 조건 협상(대금, 지급 방식, 보증 등)

M&A 계약 체결 및 종결 단계 체크포인트
☑ 최종 계약서 검토 및 서명
☐ 필요 인허가 취득
☐ 주주 및 이사회 승인
☐ 거래 종결 및 대금 수령

M&A 종결 후 단계 체크포인트
☑ 통합 계획 실행
☐ 경업금지 및 비밀 유지 의무 준수
☐ 에스크로 및 성과 연동 대금 관리
☐ 세무 신고 및 처리

스타트업의 인수합병(M&A)은 창업자와 투자자 모두에게 중요한 Exit 전략입니다. 창업자는 기업공개(IPO)까지 오랜 기간을 투자하지 않아도 중간에 회사 매각

이라는 옵션을 갖게 됩니다. 이는 창업자를 위한 안전망이라고 볼 수 있습니다. 투자자는 투자금을 회수할 수 있고, 인수인인 대기업은 스타트업의 혁신과 기술을 흡수해 미래 성장 동력을 확보할 수 있다는 이점이 있습니다.

성공적인 M&A를 위해서는 기업가치 평가, 법적 실사, 계약 협상, 그리고 매각 후 의무 등 다양한 법률적 이슈에 대한 대비가 필요합니다. 또한 비밀 유지와 정보 관리, 경업금지 의무 등은 매각 과정과 이후에도 중요한 법적 책임으로 남게 됩니다. 이는 복잡한 법률 거래인 M&A를 전문가의 도움을 받아 진행해야 하는 이유이기도 합니다.

법률, 회계, 세무, 재무 등 각 분야의 전문가와 협력하여 최적의 결과를 얻을 수 있도록 준비한다면 스타트업의 가치를 극대화하고 성공적인 Exit를 이룰 수 있을 것입니다.

4.2. 사업 실패 시
책임과 채무 문제 정리

스타트업의 여정은 항상 성공으로 이어지지 않습니다. 통계에 따르면 국내 창업 기업의 5년 후 평균 폐업률은 66.2%로(2023년 중소벤처기업부 기준), 10개 중 6개는 창업 5년 이후 폐업하는 것으로 나타났습니다.

많은 스타트업이 다양한 이유로 실패하게 됩니다. 사업이 실패했을 때 가장 큰 고민은 남겨진 채무와 법적 책임 문제입니다. 특히 창업자는 회사의 채무가 개인에게 미치는 영향을 정확히 이해하고 대응 방안을 마련해야 합니다. 앞서 알아본 M&A(인수합병)와 같은 성공적인 Exit 전략과 달리 스타트업 실패 시 창업자가 직면하게 되는 채무 문제와 그 해결 방안에 대해 알아보겠습니다.

1 스타트업 실패와 창업자의 채무 책임

스타트업이 실패하는 경우, 남겨진 채무 문제는 창업자에게 큰 부담이 됩니다. 법인과 개인사업자는 채무 책임에서 중요한 차이가 있습니다.

법인과 개인사업자의 책임 차이

법인사업자 중 주식회사나 유한회사 등은 원칙적으로 유한책임이 적용됩니다. 「상법」에 따르면 주주는 자신이 출자한 금액 한도 내에서만 책임을 지게 됩니다.

이는 법인과 개인이 별개의 법적 주체로 인정받기 때문입니다.

개인사업자에겐 사업과 개인의 자산이 분리되지 않아 모든 사업 채무에 대해 무한책임을 집니다. 사업 실패 시 개인 재산으로 채무를 갚아야 합니다. 그 차이는 사례를 살펴보면 확연히 드러납니다.

> **가상 사례: ㈜테크솔루션의 법인 설립 효과**
>
> AI 기반 소프트웨어 개발 스타트업 ㈜테크솔루션은 초기에 법인으로 설립했습니다. 2년간의 사업 후 시장의 경쟁 심화와 자금 부족으로 폐업을 결정했을 때, 회사에는 3억 원의 채무가 남았습니다. 법인으로 설립했기 때문에 창업자 김 대표는 자신이 출자한 5천만 원 이외의 개인 재산은 보호받을 수 있었습니다. 만약 개인사업자였다면, 김 대표는 3억 원 전액을 개인 재산으로 변제해야 했을 것입니다.

2 법인의 보호막을 뚫는 함정, 연대보증 문제

법인 설립으로 유한책임을 기대했더라도, 연대보증을 서게 되면 창업자는 회사 채무에 대해 개인적으로 책임을 지게 됩니다. 연대보증은 회사가 채무를 이행하지 못할 때 보증인이 그 책임을 대신 지는 것을 의미합니다. 연대보증의 법적 의미와 책임 범위는 「민법」에 명시되어 있습니다. 「민법」 제428조, 제437조 등에 의하면 연대보증인은 주채무자와 함께 채무 전액에 대해 책임집니다. 채권자는 주채무자인 회사뿐만 아니라 연대보증인인 창업자에게도 채무 이행을 직접 청구할 수 있습니다.

- 채권자는 주채무자와 보증인 중 누구에게든 먼저 청구 가능
- 보증인은 주채무자의 모든 항변권을 원용할 수 있음
- 보증 책임은 주채무의 범위를 초과할 수 없음

스타트업 창업자가 연대보증을 서게 되는 주요 상황

스타트업 창업자는 다음과 같은 경우 연대보증을 요구받을 수 있습니다.

- **은행 대출**: 대부분의 은행 대출에서 대표이사의 연대보증을 요구하는 경우가 많으며, 법인의 대표이사라면 지분이 없더라도 연대보증인으로 선임될 수 있습니다.
- **정부 지원 사업**: 일부 정부 지원 사업에서 대표자의 연대보증을 요구할 수 있습니다.
- **투자 계약**: 과거에는 투자계약서에 창업자, 대표이사, 대주주 등 이해 관계인의 연대보증을 요구하는 조항이 일반적이었으나, 최근에는 전면적 연대보증 책임을 지양하는 추세입니다. 다만, 투자계약서에 따라 여전히 연대보증을 요구하는 사례가 존재하므로 계약서 검토가 필수적입니다.
- **임대차 계약**: 사무실 등 부동산 임대차 계약 시에도 법인 명의로 계약하더라도 대표자의 연대보증을 요구하는 경우가 많습니다.

아울러 연대보증 채무가 실제로 발생했는지는 구체적인 계약서(대출 계약, 투자 계약, 임대차 계약 등)에서 '연대보증' 또는 '연대책임' 조항이 포함되어 있는지 직접 확인하는 것이 가장 확실합니다.

가상 사례: 스타트업 ㈜바이오헬스의 연대보증 함정

헬스케어 기기를 개발하는 ㈜바이오헬스는 제품 개발 자금을 마련하기 위해 은행에서 2억 원을 대출받았습니다. 대표 박 씨는 법인 명의로 대출을 받았지만, 은행의 요구로 연대보증을 서게 되었습니다. 1년 후 제품 개발에 실패하고 회사가 폐업하게 되자, 은행은 남은 대출금 1억 5천만 원에 대해 박 씨에게 직접 상환을 요구했습니다. 결국 박 씨는 개인 재산으로 회사의 채무를 갚아야 했습니다.

연대보증 회피 및 최소화 전략

2018년 4월 2일부터는 중소기업이 공공 금융기관에서 대출 또는 보증을 신규로 신청(또는 증액)할 경우, 더 이상 대표이사 개인이 연대보증을 서지 않아도 되도록 제도가 변경되었습니다. 기존 대출·보증에 대해서도 단계적으로 연대보증을 폐지하는 절차가 도입되었습니다.

다만, 이 조치는 공공 금융기관에 한정된 것이며, 일반 시중은행 등 민간 금융기관에서는 여전히 대표이사 연대보증을 요구하는 경우가 많습니다. 또한, 법적으로 모든 상황에서 회사와 대표이사 간 연대보증이 완전히 금지된 것은 아닙니다. 단지, 공공기관 정책금융에 한정해 대표이사 연대보증 부담이 대폭 완화된 것입니다.

그렇다면 기업들이 활용할 수 있는 연대보증 회피 전략은 어떤 것들이 있을까요? 자세히 살펴보겠습니다.

- **정책자금 활용**: 중소기업진흥공단 등의 정책자금은 일부 무보증 대출 상품을 제공합니다.
- **신용보증기금 활용**: 신용보증기금의 보증서를 통해 개인 연대보증 부담을 줄일 수 있습니다.

- **투자 계약 협상**: 투자 계약 시 연대보증 조항을 제외하거나 제한하는 협상을 시도합니다.
- **법률 전문가 자문**: 계약 체결 전 반드시 법률 전문가 자문을 통해 연대보증 위험을 평가합니다.

3 채무 변제 절차와 법적 대응 전략

스타트업 실패는 채무 문제를 불러올 수 있습니다. 회사가 채무 문제에 직면했을 때, 체계적인 변제 절차와 법적 대응 전략이 필요합니다. 기업의 채무 변제 전략을 세울 때는 현금 흐름 분석을 기반으로 하며 중요한 기본 원칙은 지켜야 한다는 점을 이해하면 효율적인 전략을 수립할 수 있습니다.

채무 변제의 기본 원칙

「민법」 제476조에 따르면, 채무자는 채무의 내용에 좇아 이행해야 합니다. 채무 변제 시 다음과 같은 원칙이 적용됩니다.

- **변제 순서**: 당사자 간 별도의 합의가 없는 한, 변제금은 먼저 비용, 다음 이자, 마지막으로 원본에 충당됩니다(「민법」 제479조). 물론 합의가 있으면 그에 따르면 됩니다.
- **변제 장소**: 변제 장소에 대한 약정이나 특별한 사정이 없으면, 금전채무는 채권자의 현주소(영업채권은 영업소)에서 변제해야 합니다(「민법」 제467조).
- **제3자 변제**: 채무의 성질이나 당사자의 의사표시로 금지하지 않은 한, 제3자도 갚을 수 있습니다(「민법」 제469조). 다만, 이해관계 없는 제3자는 채무자의 의사에 반해 변제할 수 없고, 이해관계 있는 제3자는 채무자의 의사에 반해 변제할 수 있습니다.

채무 조정 및 협상 전략

채무 문제 해결을 위한 첫 단계는 채권자와의 협상입니다. 무엇을 협상의 주목적으로 하느냐에 따라 다음과 같이 구분할 수 있습니다.

- 분할 상환 협상: 일시 상환이 어려운 경우, 채권자와 분할 상환 계획을 협의합니다.
- 채무 감면 협상: 일부 채무 면제나 이자 감면을 위한 협상을 시도합니다.
- 상환 유예 요청: 일정 기간 상환을 유예해 달라고 요청할 수 있습니다.

채무 변제와 관련된 핵심 내용을 적용한 사례를 살펴보겠습니다.

가상 사례: ㈜푸드테크의 채무 협상

식품 배달 플랫폼 스타트업인 ㈜푸드테크는 경쟁의 심화로 폐업을 결정했고, 여러 채권자에게 총 2억 원의 채무가 있었습니다. 대표 박 씨는 각 채권자와 개별 협상을 진행했습니다. 주요 투자자와는 50%의 채무 감면에 합의했고, 공급업체들과는 6개월에서 1년에 걸친 분할 상환 계획을 수립했습니다. 이러한 적극적인 협상 덕분에 박 씨는 전체 채무 부담을 크게 줄이고 관리 가능한 수준으로 조정할 수 있었습니다.

4 법적 채무 조정 제도 활용

채무 변제에 대한 협상이 어려운 경우, 개인회생 또는 파산 등의 법적 채무 조정 제도를 활용할 수 있습니다.

개인회생 절차

　「채무자회생법」 제581조에 따르면, 장래에 계속해서 또는 반복하여 수입을 얻을 가능성이 있는 개인 채무자는 개인회생을 신청할 수 있습니다. 개인회생은 채무자의 소득 중 최저생계비를 제외한 금액으로 3~5년간 채무를 분할 상환하는 제도입니다. 개인회생의 장단점과 절차를 소개합니다.

개인회생의 장점

- 채무 원금의 상당 부분 감면 가능
- 이자 및 연체료 면제
- 강제집행 등 법적 절차 중지
- 변제계획 이행 후 남은 채무 면책

개인회생 절차

단계	주요 내용
신청서 제출	법원 소정 양식과 관련 서류 제출
개시 결정	법원 심사 후 개시 결정, 이의기간 부여
인가 전 변제개시	개시 결정 이후 인가 전에도 변제금 납부 개시 필요
변제계획안 및 인가	변제계획안 제출, 법원 인가 결정
변제 수행	인가된 변제계획에 따라 변제금 납부(통상 3년)
면책 결정	변제 완료 후 법원이 잔여 채무 면책 결정

개인파산 및 면책

　「채무자회생법」 제305조에 따르면, 채무자가 지급 불능 상태일 때 파산을 신청할 수 있습니다. 개인파산은 모든 재산을 채권자에게 공평하게 분배하고, 남은 채무는 면책받는 제도입니다.

- 모든 채무에서 법적으로 해방
- 급여 압류 등 강제집행 중지
- 새 출발의 기회 제공

개인파산 절차

단계	주요 내용
파산·면책 신청	법원에 신청서, 첨부서류 제출
파산 선고	법원의 적격 심사 후 파산 선고 결정
면책 심문	법원의 채무자 심문(필수는 아니며 필요시 진행)
면책 결정	면책불허사유 없으면 법원이 변제 의무 면제 결정

법적 채무 조정 제도 활용에 관한 사례도 확인해 보시죠.

가상 사례: ㈜에이-아이 마케팅 대표의 개인회생

AI 기반 마케팅 솔루션을 개발하던 ㈜에이-아이 마케팅은 시장 진입에 실패하고 폐업했습니다. 대표 최 씨는 회사 운영을 위해 받은 대출과 투자금에 대한 연대보증으로 3억 원의 개인 채무를 떠안게 되었습니다. 새로운 직장에 취업한 최 씨는 월 소득 400만 원 중 150만 원을 5년간 상환하는 조건으로 개인회생 절차를 신청했습니다. 법원은 최 씨의 변제계획을 인가했고, 5년간 총 9천만 원을 상환한 후 나머지 2억 1천만 원의 채무는 면책받을 수 있게 되었습니다.

채무 문제 예방을 위한 사전 조치

모든 문제는 사전 예방 미흡에서 시작되지만, 채무 문제는 사전 예방이 최우선입니다. 개인파산으로 이어질 수 있는 위험이 있기 때문인데요. 스타트업 창업자가 취할 수 있는 예방 조치를 살펴보면 다음과 같습니다.

- 법인 설립

  개인사업자보다 법인 형태가 채무 책임 제한에 유리합니다.
- 연대보증 최소화

  계약 시 연대보증 조항을 제외·제한하는 노력이 필요합니다.
- 적절한 보험 가입

  책임 보험 등을 통해 리스크를 관리합니다.
- 자금 계획 수립

  충분한 운전자금 확보와 현금 흐름 관리가 중요합니다.
- 법률 자문 활용

  중요 계약 체결 전엔 반드시 법률 전문가에 조언을 받습니다.

5 채무 문제 해결을 위한 정부 지원 프로그램

최근 경제 성장이 둔화하고 글로벌 투자 환경이 급변하면서 국내 투자 시장도 얼어붙었습니다. 그 때문에 많은 스타트업이 어려움을 겪고 있습니다. 이에 정부는 실패한 창업자의 재기를 돕기 위한 다양한 프로그램을 운영하고 있습니다. 스타트업 실패로 인해 폐업을 고려하고 있다면 채무 문제 해결을 위해 이를 활용해 보는 것도 방법입니다. 대표적인 사업을 소개합니다.

- **재도전 지원 사업**: 실패 경험이 있는 창업자에게 재창업 자금을 지원합니다.
- **신용 회복 지원**: 신용회복위원회를 통한 채무 조정 프로그램을 제공합니다.
- **재기 창업자 특례 보증**: 실패 경험이 있는 창업자를 위한 특별 보증 제도를 운용합니다.
- **멘토링 및 컨설팅**: 실패 원인 분석과 재기 전략 수립을 위한 전문가 지원을 제공합니다.

6 실패 후 재도전을 위한 마음가짐

스타트업 실패의 경험은 새로운 시작을 위한 발판이 될 수 있습니다. 실제로 실패 경험을 귀중한 자산으로 삼아 재도전에 성공한 사례도 많습니다. 또 최근에는 투자자들도 '사업 전개와 실패 경험'을 중요한 평가 요소로 보는 경향이 있기 때문에 부정적으로 생각할 일은 아닙니다.

실패가 절망의 시작이 아닌 성공을 위한 밑거름이 되기 위해서는 채무 문제 해결을 위한 전략을 세우고 이를 잘 적용해 나가는 것이 중요합니다. 체크리스트를 통해 전략의 밑그림을 그려 봅시다.

채무 현황 파악 체크포인트
☑ 모든 채무의 목록 작성 (채권자, 금액, 이자율, 만기일 등)
☐ 연대보증 여부 확인
☐ 담보 제공 여부 확인

법적 책임 범위 검토 체크포인트
☑ 법인과 개인의 책임 구분
☐ 연대보증에 따른 개인 책임 범위 확인
☐ 이사로서의 책임 여부 검토

채무 해결 방안 모색 체크포인트
☑ 채권자와의 협상 가능성 검토
☐ 개인회생 또는 파산 가능성 검토
☐ 정부 지원 프로그램 활용 가능성 확인

전문가 자문 구하기 체크포인트
☑ 변호사 상담
☐ 회계사 상담

스타트업 실패는 창업하는 누구에게나, 언제나 발생할 수 있는 문제입니다. 실패를 직감한 순간은 괴롭고 힘들지만, 중요한 것은 현실을 직시하고 실패 후 남겨진 채무 문제를 어떻게 효과적으로 해결하느냐입니다. 이는 다시 일어설 수 있는 밑거름이 되기 때문입니다. 채무 문제를 풀기 위해서는 연대보증 여부 확인, 채권자와의 협상, 법적 채무 조정 제도 활용 등 다양한 방법을 검토해야 합니다.

새로운 일을 시작한다는 건 대단한 용기가 필요한 일입니다. 그리고 혹여나 실패했을 때 상황을 냉정히 바라볼 수 있는 마음가짐이 있어야 실패를 발판 삼아 새로운 시작을 할 수 있습니다. 채무 문제를 체계적으로 해결하고, 실패 경험을 바탕으로 더 강한 창업자로 성장할 수 있기를 바랍니다. 그리고 대한민국 스타트업 생태계의 건전한 발전을 위해서는 실패한 창업자들이 재도전할 수 있는 환경이 조성되었으면 합니다.

4.3. 폐업 신고 및 정리 절차, 깔끔한 마무리를 위한 안내서

아이디어와 열정으로 스타트업의 문을 열 때와 여정이 끝내고 문을 닫을 때도 체계적인 절차가 필요합니다. 사업을 종료하는 것은 단순히 사업체의 문을 닫는 것이 아니라, 법적·세무적 의무를 이행하고 모든 이해관계자와의 관계를 깔끔하게 정리하는 과정이기 때문입니다. 이제, 법인 폐업 시 필요한 절차와 주의 사항을 알아보겠습니다.

폐업의 의미와 중요성

폐업은 말 그대로 사업 활동을 완전히 중단하는 것을 의미합니다. 그러나 법적으로는 '폐업 신고'와 '법인 해산·청산'은 다릅니다. 폐업 신고는 세무 관련 절차로, 사업자등록을 말소하는 과정입니다. 반면에 법인 해산·청산은 법인격을 소멸시키는 「상법」상 절차입니다.

사업 종료 시 법적 절차를 제대로 밟지 않으면 추후 예상치 못한 세금 문제나 법적 분쟁이 발생할 수 있습니다. 따라서 폐업 절차는 반드시 법에 따라 체계적으로 진행해야 합니다.

1 법인 폐업의 방식 선택

먼저 어떤 방식으로 폐업할 것인가를 선택해야 합니다. 법인사업자의 폐업 방식은 크게 두 가지로 나눌 수 있습니다.

- **폐업 신고만 하는 경우**: 세무서에 폐업 신고만 진행하고 법인 등기는 유지하는 방식입니다. 이 경우 추후 사업 재개가 가능합니다.
- **법인 해산·청산까지 하는 경우**: 폐업 신고 후 법인 청산 절차까지 진행하여 법인격을 완전히 소멸시키는 방식입니다. 이 경우 법인등기부등본이 폐쇄되어 법인이 완전히 사라집니다.

무엇이 다른지 사례를 보면 좀 더 쉽게 이해가 됩니다.

가상 사례: 스타트업 ㈜테크솔루션의 폐업 방식 선택

AI 기반 소프트웨어 개발 스타트업 ㈜테크솔루션은 시장 경쟁 심화로 더 이상 사업을 지속하기 어려운 상황에 직면했습니다. 대표 김 씨는 향후 시장 상황에 따라 유사한 사업을 재개할 가능성을 고려해 일단 폐업 신고만 진행하기로 했습니다. 이를 통해 법인 해산·청산 절차에 드는 비용과 시간을 절약하면서도, 필요 시 동일한 법인으로 사업을 재개할 수 있는 유연성을 확보했습니다.

2 체계적인 종료를 위한 법인 청산 절차

폐업을 결정한 뒤 법인을 완전히 소멸시키기 위해서는 다음과 같은 청산 절차를 거쳐야 합니다.

해산 및 청산인 선임 결의

주주총회 특별결의를 통해 법인 해산이 결정되면, 청산을 담당할 청산인을 선임해야 합니다. 「상법」에 따르면, 청산인은 주주총회에서 선임하는 것이 원칙이며, 해산을 결의한 주주총회에서 청산인을 별도로 선임하지 않으면 해산 당시의 이사가 청산인이 됩니다. 일반적으로 대표이사가 청산인으로 선임되는 경우가 많으나, 정관에 다른 규정이 있거나 주주총회에서 타인을 청산인으로 선임할 수도 있습니다. 만약 청산인이 없는 경우에는 이해 관계인의 청구에 따라 법원이 청산인을 선임하게 됩니다.

필요 서류

- 공증받은 주주총회의사록
- 정관
- 정관 소정의 해산 사유의 발생을 증명하는 서면
- 등기신청인자격증명서
- 등록면허세 영수필확인서
- 등기신청수수료 영수필확인서

해산등기 및 채권 신고 공고

주주총회의 해산 결의로 청산인이 선임되면, 청산인은 해산 사유가 발생한 날로부터 본점 소재지에서는 2주 이내, 지점 소재지에서는 3주 이내에 해산등기를 신청해야 합니다.

또한, 청산인은 취임 후 2개월 이내에 정관에서 정한 방법에 따라 홈페이지나 신문을 통해 해산 공고를 게재해야 합니다.

공고 내용에는 <u>회사가 해산했다는</u> 사실과 채권자는 일정 기간 내에 채권을 신<u>고해야 한다</u>는 내용이 포함되어야 합니다. 공고 기간은 2개월 이상이어야 하며, 신문 공고의 경우 총 2회 이상 게재해야 합니다. 표로 간단히 정리해 보겠습니다.

요건	법령/관행 기준
공고 시기	청산인 취임 후 2개월 이내
공고 방법	정관 규정에 따라 홈페이지 또는 신문
공고 횟수/기간	신문: 2회 이상, 2개월 이상 홈페이지: 2개월 이상
포함 내용	회사 해산 사실, 채권 신고 안내 및 신고 기한, 미신고 시 처리방침 등

채무 변제 및 잔여재산 분배

공고 기간이 종료된 후, 청산인은 신고된 채권을 확인하고 관련된 채무를 변제합니다. 모든 채무를 정리한 후에는 잔여재산을 주주에게 분배합니다. 이후 결산보고서를 작성하여 주주총회에 제출하고 승인을 받습니다.

청산인은 회사의 채무를 모두 갚지 않았다면 회사 재산을 주주에게 분배하지 못합니다. 이는 채권자 보호를 위한 중요 규정입니다.

청산종결등기 신청

해산 절차의 마지막은 청산종결등기 신청입니다. 청산종결등기는 법인이 해산 후 청산 절차를 모두 마치고, 더 이상 존재하지 않게 됨을 공식적으로 등기하는 절차를 의미합니다.

주주총회에서 결산보고서의 승인이 있은 날로부터 2주 이내에 청산종결등기를 신청해야 합니다. 등기가 완료되면 법인이 소멸하고, 법인등기부등본도 폐쇄됩니다. 즉, 청산종결등기의 신청은 모든 법적·실질적 정리가 끝난 뒤 최종적으로 해당 법인을 말소시키는 중요한 단계입니다.

사례를 보면서 법인 해산의 절차를 총정리해 보겠습니다.

가상 사례: ㈜헬스테크의 청산 절차

의료기기 개발 스타트업 ㈜헬스테크는 자금 부족으로 사업을 중단하기로 했습니다. 주주총회에서 해산을 결의하고 대표이사 박 씨를 청산인으로 선임했습니다. 박 씨는 해산등기를 마친 후 정관에 명시된 일간지에 2개월간 채권 신고 공고를 게재했습니다. 공고 기간 동안 신고된 채권을 확인하고 모든 채무를 변제한 후, 남은 자산 1억 원을 주주들에게 지분율에 따라 분배했습니다.

결산보고서를 작성하여 주주총회의 승인을 받은 후, 2주 이내에 청산종결등기를 신청하여 법인을 완전히 소멸시켰습니다.

3 폐업에 따른 세금 정리, 세무 신고

폐업 시에는 세무 관련 절차도 반드시 이행해야 합니다. 만약에 세금 문제를 제대로 해결하지 않으면 추후 큰 부담이 될 수 있습니다. 주요 세무 신고 사항을 확인해 보죠.

폐업 신고

폐업일이 정해지면 세무서에 폐업 신고를 합니다. 폐업 신고는 사업자등록증을 첨부하여 관할 세무서에 제출해야 합니다.

폐업 신고 준비 서류

- 폐업신고서
- 대표자 신분증
- 사업자등록증 원본
- 위임장(대리인이 방문할 경우)

부가가치세 확정 신고

폐업일이 속하는 과세기간까지의 사업 실적에 대한 부가가치세 확정 신고 및 납부를 해야 합니다. 「부가가치세법」에 따라 폐업일이 속한 달의 다음 달 25일까지 신고해야 합니다.

폐업 시 잔존 재화(자기의 과세 사업과 관련해 취득한 재화, 취득 시 매입세액공제를 받은 재화, 취득 후 2년이 지나지 않은 감가상각자산)에 대한 과세 여부도 확인해야 합니다.

법인세 신고

폐업 사업연도의 법인세를 신고하고 납부해야 합니다. 「법인세법」에 따라 폐업일이 속하는 해의 다음 해 3월까지 법인세 신고 및 납부를 완료해야 합니다.

4대 보험 정리

폐업 시 4대 보험 관련 신고도 필수적으로 해야 합니다.

- 건강보험: 폐업 일(또는 퇴사일)로부터 14일 이내
- 국민연금: 폐업 월의 다음 달 15일까지
- 고용/산재보험: 폐업월의 다음 달 15일까지(피보험자 상실 신고), 보험 관계 소멸 신고는 폐업일 다음 날부터 14일 이내
- 지급명세서 제출: 폐업월의 다다음 달 말일까지(근로, 사업, 퇴직, 기타소득)

폐업 시 세금 정리를 제대로 하지 못했던 기업의 사례를 준비했습니다. 세금 누락이 어떤 문제를 불러올 수 있는지 살펴볼까요?

가상 사례: ㈜푸드테크 스타트업의 세무 신고 실수

식품 배달 앱을 운영하던 ㈜푸드테크는 경쟁 심화로 2025년 2월 15일에 폐업을 결정했습니다. 하지만 대표 이 씨는 폐업 신고만 하고 부가가치세 확정 신고를 빠뜨렸습니다.

몇 개월 후 세무서로부터 신고 누락에 대한 가산세 부과 통지를 받게 되었고, 결국 본세와 함께 20%의 무신고 가산세 및 납부지연 가산세를 추가로 납부해야 했습니다.

이 사례는 폐업 후에도 세무 신고 의무가 계속된다는 점을 보여 줍니다.

4 폐업 후 법적 분쟁 예방을 위한 사전 대비 원칙

폐업 후 발생할 수 있는 법적 분쟁을 예방하기 위해서는 사전에 몇 가지 원칙을 세워야 합니다. 특히 다음과 같은 사항은 폐업을 고려한 시점에 미리 정리하는 것이 좋습니다.

미지급 급여 처리

「근로기준법」 제36조에 따르면, 사용자는 근로자가 사망 또는 퇴직하였으면 그 지급 사유가 발생한 때부터 14일 이내에 임금, 보상금, 그밖에 모든 금품을 지급해야 합니다. 폐업 시 미지급된 급여가 있다면 반드시 정산해야 합니다.

미지급 급여를 해결하지 않을 경우, 근로자는 고용노동부에 진정을 제기하거나 민사소송을 통해 권리를 주장할 수 있습니다. 이는 대표이사에게 법적 책임이 발생할 수 있는 중요한 문제입니다.

미지급 급여 해결 방안

- 폐업 전 모든 급여 완납
- 분할 지급 계획 수립 및 서면 합의
- 체당금 제도 활용 안내

계약 해지 문제 정리

폐업 시 거래처, 임대인, 서비스 제공업체 등과의 계약을 적법하게 해지해야 합니다. 계약서에 명시된 해지 조항을 확인하고, 필요한 통지 기간을 준수해야 합니다.

사정변경에 따른 계약 해지

「민법」상 사정변경 원칙에 따라, 계약 체결 당시의 사정이 현저하게 변경되어 계약을 그대로 유지하는 것이 부당한 경우 계약을 해지할 수 있습니다. 폐업은 이러한 사정변경에 해당할 수 있으나, 이미 상당 부분의 계약 내용이 이행된 상태이거나 폐업으로 인한 경우에는 '계약 해지'가 불가한 사례가 많으므로 법률 전문가의 도움을 받는 것이 좋습니다.

미수금 및 미지급금 정리

폐업 전에 모든 미수금을 회수하고 미지급금을 정리하는 것이 중요합니다. 특히 미수금은 폐업 후 회수가 어려워질 수 있으므로, 적극적으로 회수하려는 노력이 필요합니다.

- 폐업 예정 통지와 함께 미수금 청구
- 분할 납부 제안
- 필요시 법적 조치 검토

5 폐업 후 재개업 고려 사항

폐업 후 사업을 재개하고자 할 경우, 다음과 같은 사항을 고려해야 합니다.

- 법인 등기 유지 여부: 폐업 신고만 했다면 법인 등기는 남아 있으므로, 사업자 등록만 다시 신청하면 됩니다.
- 기존 사업자등록번호 유지: 폐업한 법인이 재개업을 하는 경우, 기존의 사업자 등록번호를 유지하면서 재개업할 수 있으며, 폐업 전에 발생한 손실도 공제받을 수 있습니다.
- 폐업 기간에 따른 처리: 실제 폐업 기간이 1년 이상인 경우 휴업 후 사업 재개 신청으로 간주하며, 1년 미만이거나 실제 폐업하지 않은 것으로 확인되면 폐업 취소 처리됩니다.

폐업 절차를 체계적으로 진행하려면 미리 체크리스트를 준비하는 것이 좋습니다. 폐업 준비 전과 진행 후, 폐업 단계의 진행 사항을 다음의 체크리스트와 대조해 보세요.

폐업 전 준비 사항 체크포인트
☑ 주주총회 개최 및 해산 결의
☐ 청산인 선임
☐ 직원들에게 폐업 통지 및 퇴직 절차 안내
☐ 거래처 및 협력업체에 폐업 통지
☐ 미수금 회수 및 미지급금 정리 계획 수립

법적 절차 체크포인트
☑ 해산등기 및 청산인 선임등기 신청
☐ 채권 신고 공고 게재
☐ 채무 변제 및 잔여재산 분배
☐ 결산보고서 작성 및 주주총회 승인
☐ 청산종결등기 신청

폐업신고서 제출 시 체크포인트
☑ 폐업신고서 제출
☐ 부가가치세 확정 신고 및 납부
☐ 법인세 신고 및 납부
☐ 4대 보험 정리 및 상실 신고
☐ 지급명세서 제출

기타 정리 사항 체크포인트
☑ 임대차 계약 해지 및 보증금 회수
☐ 각종 서비스 계약 해지(통신, 소프트웨어 등)
☐ 회사 자산 처분 또는 이전
☐ 중요 서류 보관 계획 수립(법정 보존 기간 준수)

6 폐업 시 자주 발생하는 문제와 해결 방안

폐업 시 법률과 세무적 문제점을 포함해 자주 발생하는 문제가 있습니다. 세금 문제와 임대계약, 그리고 직원의 퇴사 문제가 그것인데요. 문제 해결의 원칙을 몇 가지로 정리해 봤습니다.

미처리 세금 문제

폐업 후에도 세금 신고 및 납부 의무는 계속됩니다. 폐업 신고를 했다고 해서 모든 세무 의무가 종료되는 것이 아니므로, 폐업 후 세금 신고를 누락하지 않도록 주의해야 합니다. 아래 원칙을 참고하면 큰 문제 없이 처리할 수 있습니다.

대응 방안

- 폐업 전 회계사나 세무사와 상담, 폐업 후 세금 신고 일정 확인
- 폐업 후 세금 신고를 위한 서류를 미리 준비
- 세금 신고 기한을 달력에 표시하여 관리

임대차 계약 해지 문제

사무실 임대차 계약은 계약 기간이 남아 있는 상태에서 폐업을 결정하고 법인 청산이 완료되는 때도 있습니다. 이 경우 중도 해지에 따른 위약금이 발생할 수 있습니다.

대응 방안

- 임대차 계약서의 중도 해지 조항 확인
- 임대인과 협상을 통해 위약금 감면 또는 분할 납부 협의
- 새로운 임차인을 찾아 계약을 승계하는 방안 검토

직원 퇴직 처리 문제

폐업 시 모든 직원의 퇴직 처리와 퇴직금 지급은 법이 정한 필수사항입니다. 미리 대비를 하고 자금 계획 등을 세워 놓는 것이 좋습니다.

대응 방안

- 퇴직금 계산 및 지급 계획 수립
- 체당금 제도 안내(회사 자금이 부족한 경우)
- 고용보험 실업급여 신청 방법 안내

스타트업의 폐업은 창업만큼이나 중요합니다. 법적 절차를 제대로 이행하지 않으면 추후 예상치 못한 문제가 발생하고 막대한 비용이 들 수 있으므로, 체계적인 계획과 전문가의 도움을 받아 진행하는 것이 좋습니다.

폐업을 실패가 아닌 새로운 시작을 위한 과정으로 본다면 깔끔한 정리를 통해 창업자는 법적, 세무적 리스크를 최소화하고, 새로운 도전을 위한 발판을 마련하는 것이 좋습니다. 특히 폐업 과정에서 직원, 거래처, 투자자 등 이해관계자들과의 관계를 존중하고 모든 절차를 투명하게 공개한다면, 업계에서 신뢰를 유지할 수 있습니다. 앞서 말씀드린 내용을 토대로 법적, 세무적으로 완벽한 폐업을 진행하시길 바랍니다.

4.4. 기업 회생 및 파산 절차

재기의 기회와 마지막 정리

스타트업의 여정은 성공의 환희로 가득할 수도 있지만, 늘 예상치 못한 어려움이 도사리고 있기도 합니다. 사업 환경의 변화, 경쟁 심화, 자금 부족 등 다양한 요인으로 인해 열심히 일궈 놓은 기업이 존폐 위기에 놓일 수 있습니다. 이럴 때 기업이 선택할 수 있는 마지막 두 가지 선택지는 바로 '기업 회생'과 '법인 파산'입니다. 이 두 절차는 완전히 다른 결과를 가져오지만, 모두 법원의 감독 아래 진행됩니다. 힘겹게 일군 기업을 정리하는 건 힘든 일이지만, 기업의 상황에 맞는 최적의 해결책을 모색하는 게 중요합니다.

1 재도약의 발판, 기업 회생 절차

기업 회생 절차는 사업을 계속할 의지와 능력이 있지만, 과도한 채무로 인해 정상적인 경영 활동이 어려운 기업에 재기의 기회를 제공하는 제도입니다. 법원의 감독 아래 채무를 조정하고 경영 효율화를 통해 기업을 정상으로 돌려놓는 것을 목표로 합니다.

회생 절차의 법적 근거와 목적

「채무자 회생 및 파산에 관한 법률」 제1조에 따르면, 이 법은 '재정적 어려움으로 인하여 파탄에 직면해 있는 채무자에 대하여 채권자·주주·지분권자 등 이해 관계인의 법률관계를 조정하여 채무자 또는 그 사업의 효율적인 회생을 도모하는 것을 목적으로 함'이라고 명시하고 있습니다.

기업 회생의 핵심 목적은 **'사업의 재건과 영업의 계속을 통한 채무 변제'**입니다. 이는 채무자 재산의 처분·환가와 채권자들에 대한 공평한 배당이 주된 목적인 파산과 구별됩니다.

회생 절차 개시 신청

회생 절차는 채무자(기업) 또는 채권자가 법원에 회생 절차 개시 신청을 하면서 시작됩니다. 회생 절차 개시 신청은 채무자가 경영정상화 및 계속기업으로서의 가치 유지, 또는 향후 지속 가능한 기업 활동을 위해 법원에 공식적으로 회생 절차 시작을 요청한다는 의미입니다. 신청 시에는 기업의 재무 상태, 사업계획, 채무 현황 등을 상세히 기재한 서류를 제출해야 합니다.

신청권자(주식회사 또는 유한회사의 경우)

- 채무자(회사)
- 자본의 1/10 이상에 해당하는 채권을 가진 채권자
- 자본의 1/10 이상에 해당하는 주식 또는 지분을 가진 주주·지분권자

회생 계획안 작성 및 인가

법인의 회생 가능성이 있다고 판단되면, 법원은 회생 절차 개시 결정을 내리고, 채무자는 회생 계획안을 작성해야 합니다. 회생 계획안에는 채무의 변제 계획, 자산 매각 계획, 경영 개선 계획 등이 포함됩니다. 작성된 회생 계획안은 채권자 집회에서 채권자들의 동의를 얻어야 하며, 법원의 인가를 받아야 효력이 발생합니다.

회생 계획 수행

회생 계획안이 인가되면, 채무자는 회생 계획에 따라 채무를 변제하고 경영 활동을 수행해야 합니다. 법원은 회생 계획의 이행 상황을 지속적으로 감독하며, 채무자가 회생 계획을 제대로 이행하지 못하면 회생 절차를 폐지할 수 있습니다.

기업 회생 절차의 장점과 단점

장점

- 모든 채무는 동결되고 (가)압류, 경매, 체납처분 등은 중지, 금지됩니다.
- 금융기관채무, 상거래채무, 사채 등은 출자전환 또는 감면되어 채무 구조가 개선됩니다.
- 현행 통합 도산법은 회사 대표자를 법정관리인으로 선임하여 경영권을 유지할 수 있습니다.
- 어음, 수표의 부도 등으로 인한 대표의 형사 책임이 경감될 수 있습니다(「부정수표단속법」).
- 근로자의 체불임금 및 조세 우선 변제가 가능합니다.

단점

- 모든 자금의 흐름이 법원의 관리 감독하에 들어갑니다.
- 법원의 관리에 따른 행정절차가 많아서 불편하며 주요 사항은 법원의 허가를 받아야 합니다.
- 어음 발행이나 신규 차용 등의 거래를 제한적으로 허용합니다.
- 상거래 채권자들을 포함한 채권자들의 동의가 필요합니다.

기업 회생에 성공한 사례를 보면서 어떤 절차를 거쳤는지 살펴보겠습니다.

가상 사례: ㈜테크이노베이션의 회생 성공

AI 기반 물류 최적화 솔루션을 개발하는 ㈜테크이노베이션은 초기에 큰 주목을 받았지만, 코로나19로 인한 시장 침체와 대규모 R&D 투자로 인해 재정적 어려움에 직면했습니다. 누적 부채가 30억 원에 달했고, 현금 흐름이 악화해 직원 급여 지급도 어려워졌습니다.

회사는 법원에 회생 절차 개시를 신청했고, 법원은 회사의 기술력과 시장 잠재력을 고려하여 회생 절차 개시를 결정했습니다. 회생 계획안에는 채무의 70% 출자 전환, 나머지 채무를 10년간 분할 상환, 그리고 핵심 사업에 집중하기 위한 비핵심 사업부 매각 등이 포함되었습니다.

채권자들은 회사의 기술력과 시장 잠재력을 인정하여 회생 계획안에 동의했고, 법원은 이를 인가했습니다. 회생 계획 수행 2년 차에 ㈜테크이노베이션은 글로벌 물류 기업과의 대규모 계약 체결에 성공했고, 매출이 급증하면서 회생 계획보다 빠르게 채무를 상환할 수 있었습니다. 결국 회생 절차 개시 3년 만에 회생 절차를 성공적으로 종결하고 정상 경영 활동으로 복귀했습니다.

2 완전한 정리를 위한 법인 파산 절차

법인 파산 절차는 기업이 더 이상 사업을 지속할 수 없는 상황에 직면했을 때, 법원의 감독 아래 기업의 자산을 정리하고 채권자들에게 공정하게 배분하는 제도입니다. 파산 절차는 기업의 소멸을 의미하지만, 남은 자산을 최대한 활용하여 채권자들의 손실을 최소화하고, 창업자의 새로운 시작을 돕는 것을 목표로 합니다.

즉, 법인의 존속 가치보다 청산 가치가 높다고 판단될 때 주로 활용되는 제도로, 회사와 이해관계자의 권익 보호를 동시에 도모하는 데 초점을 맞췄다고 볼 수 있습니다.

파산 신청

파산 절차는 채무자(기업) 또는 채권자가 법원에 파산 신청을 하면서 시작됩니다. 신청 시에는 기업의 재무 상태, 자산 현황, 채무 현황 등을 상세히 기재한 서류를 제출해야 합니다.

「채무자 회생 및 파산에 관한 법률」 제305조에 따르면, 채무자가 지급불능 상태일 때 파산을 신청할 수 있습니다. 여기서 '지급불능'이란 채무자가 변제능력의 부족으로 변제기에 있는 채무를 일반적·계속 갚을 수 없는 객관적 상태를 의미합니다. 법인의 경우 부채가 자산을 초과해도 파산 신청이 가능합니다.

파산 선고 및 파산관재인 선임

법원은 제출된 서류를 검토하고, 기업의 파산 원인이 인정되면 파산 선고를 내립니다. 동시에 법원은 파산 절차를 관리하고 자산을 정리할 파산관재인을 선임합니다.

⑶ 자산 환가 및 채권 조사

파산 절차에서 중요한 과정으로 파산관재인은 기업의 자산을 평가하고 매각하여 현금화합니다. 또한, 채권자들은 각자 보유한 채권을 법원에 신고하게 되며, 파산관재인이 채권 실체를 검증해 채권액을 확정합니다.

배당

파산관재인은 환가(환산 가액)된 자금을 채권자들에게 채권액에 비례하여 배당합니다. 배당 순서는 법률에 따라 정해져 있으며, 우선 변제해야 할 채권(예: 임금, 세금)이 존재할 수 있습니다.

파산 종결

배당 절차가 완료되면, 법원은 파산 종결 결정을 내리고, 법인은 소멸하게 됩니다.

법인 파산 절차의 장점과 단점

장점

- 「부정수표단속법」 위반 책임에서 면제됩니다. 파산 선고 이후 발생하는 수표 부도에 대해 「부정수표단속법」 제2조 제2항 위반의 책임에서 벗어날 수 있습니다.
- 사기죄, 「근로기준법」 위반 등 형사 절차에서 해방될 수 있습니다. 파산 선고를 받은 기업의 대표자는 파산 선고 결정으로 일정한 경우 「근로기준법」 위반의 책임을 지지 않을 수 있습니다.
- 대표자 개인의 조세 부담이 경감됩니다(과점주주일 경우). 파산 절차 내에서의 환가를 통해 조세채권이 변제될 수 있습니다.
- 조세범 처벌법의 적용 예외가 됩니다. 파산 선고는 정당한 사유에 해당하므로, 「조세범 처벌법」에 따라 처벌을 받지 않습니다.
- 근로자들에 대한 일반 체당금이 지급됩니다. 파산 선고를 받는 경우 근로자들은 개인당 최대 2,100만 원의 일반 체당금을 지급받을 수 있습니다.

단점

- 기업의 소멸을 의미하므로, 더 이상 사업을 지속할 수 없습니다.
- 파산 절차 진행으로 기업 이미지가 크게 실추될 수 있습니다.
- 파산 절차에 드는 비용과 시간이 부담될 수 있습니다.

법인 파산의 장단점을 보여 주는 가상의 사례를 살펴보겠습니다.

가상 사례: 스타트업 ㈜바이오메드의 파산

신약 개발 스타트업 ㈜바이오메드는 혁신적인 항암제 후보 물질을 개발했지만, 임상 2상에서 기대했던 효과를 입증하지 못했습니다. 이미 임상 1상과 2상에 50억 원 이상의 자금을 투입한 상태였고, 추가 투자 유치에 실패하면서 자금이 고갈되었습니다.

회사는 채무 상환 능력을 상실했고, 직원들의 급여도 3개월 이상 체납된 상태였습니다.

결국 대표이사는 법원에 파산 신청을 하게 되었습니다. 법원은 파산 원인이 인정된다고 판단하여 파산을 선고하고 파산관재인을 선임했습니다. 파산관재인은 회사의 지식재산권, 연구 장비, 사무실 집기 등을 매각하여 약 10억 원의 자금을 확보했습니다. 이 자금으로 체불된 임금과 퇴직금을 우선 지급하고, 나머지 자금은 채권자들에게 비례 배분했습니다. 모든 절차가 완료된 후 법원은 파산 종결을 결정했고, ㈜바이오메드는 법적으로 소멸했습니다.

법인 파산을 진행함과 동시에 대표이사 역시 개인파산 절차를 진행하여 연대보증 책임에서 벗어날 수 있었고, 이후 다른 제약회사에 취업하여 새로운 시작을 할 수 있었습니다.

3 기업 회생과 법인 파산의 비교

기업 회생과 **법인 파산**은 정적 어려움에 부닥친 기업이 선택할 수 있는 두 가지 주요 법적 절차이지만 목적과 결과에서 근본적인 차이가 있습니다. 다음은 두 제도의 주요 차이점입니다.

목적의 차이

- **기업 회생**: 법원의 관리 및 감독 아래 채무자의 사업을 되살려 그로부터 발생하는 수익을 채권자에게 분배하는 '재건형 절차'입니다.
- **법인 파산**: 채무자의 자산을 신속히 처분 및 환가(환산 가액)해 권리의 우선순위에 따라 공정하고 형평에 맞게 배당하는 '청산형 절차'입니다.

신청권자의 차이

- **기업 회생**: 회사 및 채권자뿐만 아니라 주주까지 기업회생신청권을 가질 수 있습니다.
- **법인 파산**: 회사 및 채권자가 기업파산신청권을 가집니다.

관리 주체의 차이

- **기업 회생**: 대부분 기존 경영인(대표이사)을 통해 진행할 수 있습니다.
- **법인 파산**: 법원이 정한 파산관재인을 통해 진행됩니다.

결과의 차이

- **기업 회생**: 성공적으로 회생 계획을 이행하면 기업이 계속 존속합니다.
- **법인 파산**: 파산 절차가 종결되면 법인은 소멸합니다.

4 기업 회생과 법인 파산 절차의 비용과 시간

기업 회생 절차의 비용과 시간

- **비용**

  인지대: 3만 원(금지나 중지 명령 및 보전처분 신청 시 별도로 2천 원씩 추가)

- **송달료**

  40회분 + (채권자 수 × 3회분) × 5천5백 원

- **예납금**

  예납금은 신청 당시의 재무상태표상 자산 및 부채 총액을 기준으로 하여 수천만 원이 산정되나, 간이회생(채무 50억 이하)인 경우에는 통상 4백만 원에서 1천만 원 사이에 책정됩니다.

- **변호사 수임료**

  사건의 복잡성과 기업 규모에 따라 달라집니다.

- **소요 시간**

  법원은 회생 계획이 모두 수행된 경우뿐 아니라 회생 계획에 따라 변제가 시작되고 회생 계획의 수행에 지장이 있다고 인정되지 않아 회생 절차의 목적을 달성할 수 있다고 판단되면 기업회생 절차를 종료시킵니다.

  쉽게 말하면 법원은 기업이 회생 계획을 전부 다 마쳤을 때뿐 아니라, 계획대로 빚을 갚기 시작했고, 앞으로도 문제없이 갚을 수 있을 거라 판단되면 기업 회생 절차를 끝낼 수 있습니다. 전체 과정은 짧게는 6개월, 길게는 1년 이상 걸릴 수 있습니다.

  ※ 구체적인 기업 회생 절차의 비용과 시간은 법원별, 시기별로 다를 수 있습니다.

법인 파산 절차의 비용과 시간

- **비용**

  인지액: 채무자가 신청하는 경우 1천 원, 채권자가 신청하는 경우 3만 원

- **송달료**

  기본 2십만 8천 원 + (채권자 수 × 5천5백 원 × 3)

- **예납금**

  서울회생법원 기준으로 2024년 10월 14일 개정된 최신 실무 준칙에 따르면, 법인 파산 절차에 드는 예납금은 부채 총액 1백억 원 미만의 경우 5백만 원으

로 통일되었습니다. 그리고 부채 총액 1백억 원 이상 3백억 원 미만은 1천만 원, 3백억 원 이상은 1천5백만 원 이상으로 정해졌습니다, 대부분의 중소기업 또는 일반 법인의 파산 예납금은 일반적으로 5백만 원 정도라 볼 수 있습니다.

- **소요 시간**

파산을 신청한 법인에 자산이 없는 경우, 파산 신청에서 계산 보고를 위한 채권자 집회까지 약 5~6개월이 소요됩니다. 자산이 있는 경우, 자산을 현금화하는 데 시간이 더 걸릴 수 있습니다. 특히 파산 절차 내에서 소송이 진행되는 경우 파산 종료까지의 기간은 상당히 늘어날 수 있습니다.

※ 구체적인 법인 파산 절차의 비용과 시간은 법원별, 시기별로 다를 수 있습니다.

5 기업 회생과 법인 파산 이후의 재도전

기업 회생 후 재도약

기업 회생 절차를 성공적으로 마친 기업은 채무 부담이 감소하고 경영 구조가 개선된 상태에서 새로운 도약을 준비할 수 있습니다. 기업 회생 과정을 성공적으로 이겨 내고 연착륙한 사례를 준비했습니다. 이번에는 특별히 실제 사례를 소개하겠습니다.

성공 사례: E 사의 회생 성공

자동차부품 제조기업인 E 사는 30년이 넘는 역사에 많게는 연 600억 원 가까운 매출을 기록하던 강소기업이었지만, 8년 전 위기가 닥쳐왔습니다. 대규모 투자를 했지만 내연자동차 부품 수요 감소로 회생 절차를 밟게 되었습니다.

이 회사는 한국자산관리공사(캠코)의 회생지원 프로그램을 통해 공장 매각 없이 채무를 10년 동안 나눠 갚을 수 있게 되었고, 20억 원의 금융 지원까지 받았습니다. 이를 통해 전기 차 시장 등을 새롭게 개척해 회생 절차 이전 수준까지 매출을 회복했습니다.

회생 절차를 밟고 있는 혹은 회생을 준비하고 있는 기업도 전략을 잘 세운다면 재도약의 기회를 잡을 수 있습니다. 실패가 아닌 도약을 위한 발판을 마련하기 위해 무엇을 준비해야 하는지 알아보죠.

회생 기업 재도약 전략

- 핵심 역량 강화: 회생 과정에서 파악된 핵심 경쟁력을 더욱 강화합니다.
- 사업 구조 재편: 수익성이 낮은 사업은 과감히 정리하고, 유망 사업에 집중합니다.
- 신기술 및 신시장 개척: E 사처럼 전기 차 부품 등 새로운 시장으로 진출합니다.
- 전략적 제휴 및 M&A: 시너지를 낼 수 있는 기업과의 제휴나 인수합병을 추진합니다.

법인 파산 후 재창업

법인 파산 후에도 창업자는 새로운 사업을 시작할 수 있습니다. 실패의 경험을 밑거름으로 삼아 또 다른 시작을 준비할 수 있죠. 이를 위해 정부도 실패한 창업자의 재기를 지원하는 다양한 프로그램을 운영하고 있습니다.

재창업 지원 정책

중소벤처기업부는 폐업 경험이 있는 소상공인·중소 기업인의 재기를 적극 지원하고 있습니다(2025년 현재). 주요 정책은 '희망 리턴 패키지'와 '재도전 성공 패키지' 등으로, 폐업 부담 완화부터 재창업 및 경영 개선까지 종합적인 지원을 제공합니다. 내용을 살펴보죠.

- 희망 리턴 패키지(소상공인 재기 지원): 폐업 소상공인을 대상으로 점포 철거 비를 지원하고, 경영 개선과 재창업을 돕고 있습니다.
- 재도전 성공 패키지(재창업자 집중 지원): 예비 재창업자 등을 대상으로 사업화 자금을 지원해 주고, 재창업 교육과 전문가 멘토링 등을 제공합니다.
- 창업지원 사업 통합공고(K-Startup 포털): 예비 창업자, 재창업자, 로컬 크리에이터 등 다양한 창업자들을 대상으로 하며, 융자, 사업화, 기술 개발, 공간·보육, 글로벌 진출 등을 지원합니다.

실패를 돌아보는 것은 고통스럽지만 두 번의 실패를 경험하지 않는 것이 최선의 전략입니다. 재창업도 전략적으로 해야 한다는 뜻인데요. 과거의 기업 경영에서 돌아봐야 할 것은 무엇일까요?

재창업 성공 전략

- 실패 원인 분석: 이전 사업의 실패 원인을 철저히 분석하고 교훈을 얻습니다.
- 정부 지원 프로그램 활용: 재도전 지원 사업, 신용 회복 지원, 재기 창업자 특례 보증 등을 적극 활용합니다.
- 실패 경험의 자산화: 실패 경험을 투자자들에게 솔직하게 공유하고, 이를 통해 얻은 교훈을 새로운 사업에 적용합니다.
- 멘토링 및 네트워킹: 성공한 재기 창업자나 전문가의 조언을 구하고, 창업 생태계와의 네트워킹을 강화합니다.

기업이 재정적 어려움에 부닥쳤을 때, 기업 회생과 법인 파산 중 어떤 절차를 선택할지 결정하는 건 어렵습니다. 또 기업 회생이든 법인 파산이든 복잡한 법석, 세무석 설차를 서쳐야 하브로 선분가의 도움을 받는 건 필수적인데요. 여러

가지를 고려해 최선의 선택하는 것, 최종적으로는 창업자와 경영진의 몫입니다. 그 선택에 도움이 될 수 있는 체크포인트를 몇 가지 꼽아 봤습니다.

사업 지속가능성 평가 체크포인트
☑ 현재 사업 모델이 여전히 시장에서 경쟁력이 있는가?
☐ 핵심 기술이나 서비스의 차별화 요소가 있는가?
☐ 시장 수요가 지속적으로 존재하는가?
☐ 경쟁 환경에서 생존할 수 있는 전략이 있는가?

재무 상태 평가 체크포인트
☑ 현재 채무 규모가 회생할 수 있는 수준인가?
☐ 영업활동을 통한 현금 창출 능력이 있는가?
☐ 추가 자금 조달 가능성이 있는가?
☐ 자산 대비 부채 비율은 어떠한가?

이해관계자 지지 확인 체크포인트
☑ 주요 채권자들이 회생을 지지하는가?
☐ 주주들의 추가 출자 의지가 있는가?
☐ 핵심 직원들이 계속 회사에 남을 의향이 있는가?
☐ 주요 거래처와의 관계를 유지할 수 있는가?

경영진의 의지와 역량 체크포인트
☑ 경영진이 회생 과정을 이끌어 갈 강한 의지가 있는가?
☐ 경영진이 위기 극복을 위한 전문성과 경험을 갖추고 있는가?
☐ 경영진이 회생 계획을 수립하고 실행할 능력이 있는가?
☐ 경영진이 이해관계자들의 신뢰를 얻고 있는가?

법적 절차 비용 및 시간 고려 체크포인트
☑ 회생 절차에 필요한 비용을 감당할 수 있는가?
☐ 회생 절차 소요 시간 동안 사업을 유지할 수 있는가?
☐ 파산 절차의 비용과 시간을 고려했는가?
☐ 법적 절차 외의 대안(사적 구조조정 등)을 검토했는가?

6 기업 회생과 법인 파산 절차 진행 시 주의 사항

전문가 자문 활용

　기업 회생이나 법인 파산은 복잡한 법적 절차이므로, 꼭 전문가의 도움을 받아야 합니다. 법률, 회계, 세무 전문가와 상담해 기업의 상황을 정확히 진단하고, 최적의 해결책을 찾는 것이 중요합니다.

투명한 정보 공개

　법원과 채권자들에게 기업의 재무 상태와 사업 현황을 투명하게 공개해야 합니다. 정보를 은폐하거나 왜곡할 경우, 법적 책임을 질 수 있으며 절차 진행에도 악영향을 미칠 수 있습니다.

이해관계자와의 소통

　직원, 거래처, 채권자 등 이해관계자들과 적극적으로 소통하여 회생 또는 파산 절차에 대한 이해와 협조를 구해야 합니다. 책임을 회피하거나 독단적으로 의사 결정을 하는 것은 회생 계획 설립에 독이 됩니다. 특히 주요 채권자들과의 원활한 소통은 회생 계획 인가에 큰 영향을 미칩니다.

핵심 인력 유지

회생 절차 중인 기업이 겪는 가장 큰 어려움은 인력의 이탈입니다. 특히 기업의 핵심 인력을 유지하는 것이 어려운데요. 회생 후 회사의 재성장을 위해서 중요한 일이니, 우선순위를 앞에 놔야 합니다. 특히 핵심 인력이 이탈할 경우, 회생 가능성이 크게 낮아질 수 있습니다. 인센티브 제공, 비전 공유 등을 통해 핵심 인력의 이탈을 방지해야 합니다.

현실적인 계획 수립

회생 계획은 현실적이고 실현 가능해야 합니다. 지나치게 낙관적인 전망, 기업 데이터의 확대 해석에 기반한 계획은 실행 과정에서 어려움을 겪을 수 있으며, 결국 회생 절차가 실패로 끝날 수 있으니 현실적인 대안을 찾는 데 초점을 맞춰야 합니다.

종합적인 내용을 담은 사례로 마무리하겠습니다.

가상 사례: ㈜테크솔루션의 선택

AI 기반 소프트웨어 개발 스타트업 ㈜테크솔루션은 시장 경쟁 심화와 자금 부족으로 재정적 어려움에 부닥쳤습니다. 회사는 다음과 같은 상황을 고려했습니다.

- 핵심 기술의 경쟁력은 여전히 있으나, 시장 진입 시기가 늦어짐
- 총부채는 10억 원으로, 현재 자산 가치는 7억 원 정도
- 주요 투자자와 채권자들이 회사의 기술력 인정, 회생을 지지함
- 경영진과 핵심 개발자들이 회사를 살리겠다는 의지가 강함

이러한 상황을 종합적으로 판단하여 ㈜테크솔루션은 법인 파산 대신 기업 회생

을 선택했습니다. 회생 계획에 따라 채무를 조정하고 사업 모델을 재정비한 결과, 2년 후 흑자 전환에 성공하고 추가 투자 유치까지 이루어 냈습니다.

기업 회생이냐, 법인 파산이냐를 선택하는 건 어려운 결정입니다. 기업 회생은 사업의 계속과 재건을 목표로 하지만, 법인 파산은 기업의 자산을 공정하게 분배하고 법인을 소멸시키는 청산 절차입니다.

두 절차 모두 장단점이 있으며, 기업의 상황과 전망에 따라 적합한 선택이 달라질 수 있습니다. 중요한 것은 어떤 선택을 하든 법적 절차를 통해 체계적으로 진행하여 채권자와 채무자 모두의 권리를 보호해야 한다는 점입니다. 그래야 창업자는 새로운 기회를 잡을 수 있게 됩니다.

정부의 재창업 지원 정책과 사회적 인식 변화 덕분에 실패한 창업자도 다시 도전할 수 있는 환경이 조성되고 있습니다. 실패는 비난받아야 하는 일이 아닙니다. 도전했기에 실패를 경험할 수 있었던 것이며 그 경험을 교훈 삼아 더 강한 기업가로 성장할 수 있다는 점 기억하시기를 바랍니다.

마지막으로 당부하고 싶은 것은 기업 회생이나 법인 파산은 복잡한 법적 절차이므로 반드시 전문가의 도움을 받아 진행하는 것이 중요합니다. 물론, 비용과 검토에 필요한 시간이 부담되는 게 사실입니다. 하지만 최적의 해결책을 찾아 재도전까지 걸리는 시간을 줄이는 최고의 방법이라는 점을 기억하시길 바랍니다.

지난 수년간 많은 창업자를 만났습니다. 화려한 아이디어로 시작했지만, 예상치 못한 법적 문제에 발목 잡힌 이들, 믿었던 공동창업자와의 갈등으로 회사를 접은 이들도 있었습니다. 또 제대로 된 준비 없이 스타트업에 뛰어들어 빚만 떠안은 이들도 여럿입니다. 그들의 실패는 대부분 기술이나 아이디어, 자금의 문제가 아니었다고 생각합니다. 사람, 계약, 신뢰의 균열에서 비롯됐다고 볼 수 있습니다.

반면, 위기를 넘기고 성공적인 출구 전략으로 기업을 키운 사람들은 공통점이 있었습니다. 눈앞의 이익보다 회사를 지켰고, 합의서와 계약 사항을 직접 꼼꼼히 챙겼습니다. 그리고 고객과의 신뢰를 오래 쌓았죠. 결국 창업은 멋지게 시작하는 것이 아니라, 지혜롭게 버티는 것에서 판가름이 난다고 생각합니다. 완벽할 수 없습니다. 명확한 방향과 흔들리지 않는 비전이 중요하다는 것을 잊지 마세요.

그리고 스타트업 경영자에게 법은 어렵고 두려운 존재가 아닙니다. 준비된 창업자에게 법은 안전망이고, 든든한 방어막이 될 수 있습니다. 혼자 모든 것을 할 수 없습니다. 동료를 믿고 전문가를 의지하며 품어 왔던 꿈을 펼치면 됩니다.

또한 기업이 무너졌다고 그 구성원들의 잠재력이 고꾸라진 것은 아닙니다. 당신의 시작이 '좋은 실패'로 끝나든, '작은 성공'으로 마무리되든, 모두 다음을 위한 자산이 됩니다. 버티고, 배워 가며, 다시 걸어가시길 바랍니다.

변호사의 스타트업 가이드

창업의 처음과 끝을 지키는 변호사와 회계사의 법률 가이드

1판 1쇄 발행 2025년 10월 17일

저자 현영우 · 심한강

교정 주현강   **편집** 윤혜린   **마케팅 · 지원** 이창민

펴낸곳 (주)하움출판사   **펴낸이** 문현광

이메일 haum1000@naver.com   **홈페이지** haum.kr
블로그 blog.naver.com/haum1000   **인스타그램** @haum1007

ISBN 979-11-7374-162-3(03360)